本书得到2018年度文化和旅游智库项目“文化产品与服务内容品质提升战略研究”（18ZK07）和2018年度国家统计局重大统计专项“文化产业国际比较研究”（2018ZX11）资助。

中国文化产品出口贸易问题研究

Research on The Export Trade of China's Cultural Goods

吴建军◎著

经济管理出版社
ECONOMY & MANAGEMENT PUBLISHING HOUSE

图书在版编目（CIP）数据

中国文化产品出口贸易问题研究/吴建军著. —北京：经济管理出版社，2020.1
ISBN 978-7-5096-7057-6

Ⅰ.①中… Ⅱ.①吴… Ⅲ.①文化产品—出口贸易—研究—中国 Ⅳ.①G124
②F752.68

中国版本图书馆 CIP 数据核字（2020）第 024216 号

组稿编辑：赵亚荣
责任编辑：赵亚荣
责任印制：黄章平
责任校对：董杉珊

出版发行：经济管理出版社
（北京市海淀区北蜂窝 8 号中雅大厦 A 座 11 层 100038）
网 址：www. E-mp. com. cn
电 话：（010）51915602
印 刷：三河市延风印装有限公司
经 销：新华书店
开 本：720mm×1000mm/16
印 张：12
字 数：191 千字
版 次：2020 年 5 月第 1 版 2020 年 5 月第 1 次印刷
书 号：ISBN 978-7-5096-7057-6
定 价：62.00 元

前言

20世纪70年代以来，发达国家的产业转移和经济“审美化”现象的出现，推动着文化产业在发达国家中率先崛起。伴随着经济全球化的深入推进，国际文化贸易开始迅猛发展。然而，文化产品的供给和贸易高度集中在少数发达国家和地区，这种单向流动方式可能导致文化同质化，威胁进口国的文化认同，许多国家强烈要求对文化贸易实行“文化例外”。为维护本国的文化主权和文化安全，确立自己在世界的文化主体地位，必须充分利用对外文化贸易手段，在“引进来”的同时努力实现文化产品“走出去”。无论是中国文化“走出去”战略的实施还是文化产业规模的迅速发展，都要求文化贸易实现较快发展。在这种文化全球化背景下，深入探究中国文化产品出口贸易影响因素具有重要的理论和现实意义。

本书综合运用文化全球化、需求偏好相似、文化折扣等相关理论，采用计量回归模型、CMSA模型等对中国①文化产品出口贸易问题进行了研究。全书共分四大部分。第1章和第8章构成本书的绪论和结论，对全书研究内容起到概括和总结的作用。第2章为相关理论和文献综述，是本书的研究基础。第3章和第4章对国际文化贸易环境和中国文化产品出口变化进行初步分析。第5~7章分别从宏观层面、微观层面和国际竞争力三个维度详细探讨中国文化产品出口贸易的影响因素。全书的研究结果表明：

第一，由于文化产品具有经济和文化双重属性，贸易保护成为当前国际文化贸易的主旋律。世界贸易组织（WTO）多边贸易协定中涉及的“文化例外”和联合国教科文组织（UNESCO）提出的保护文化多样性，都为各国实施文化贸易保护提供了法律依据。各国普遍采取包括关税、数量限

① 为方便研究开展，本书中如无特殊说明，提及的“中国”指“中国内地”。

制、知识产权保护缺失、对视频征税、补贴等多种形式在内的文化贸易壁垒。总的来看，发达国家的文化贸易壁垒程度普遍高于欠发达国家，非英语国家的文化贸易壁垒程度要高于英语国家。但是，经济发展水平越高的国家的居民越倾向于支持文化贸易开放，而贸易保护政策越严格的国家的居民越倾向于支持文化贸易保护。

第二，自2002年以来，中国文化产品出口贸易发展势头良好，贸易规模不断扩大，总体呈顺差态势。但是，产品结构过于集中在新媒体和视觉艺术产品上，视听产品和表演艺术产品出口比例非常低。出口市场主要集中于发达国家，占文化产品总出口的73.76%，而出口到发展中国家的份额仅为26.24%，美国是中国文化产品出口的最主要目的国。中国文化产品出口集中度在逐渐下降，集约边际的贡献度达93.66%，扩展边际的贡献度只有6.34%，因而出口集中度下降的最主要驱动因素是少数比较大的贸易伙伴国进口数量下降，而不是出口对象更具多样性。

第三，中国文化产品出口贸易流量和流向变化的宏观影响因素主要包括中国文化产业规模、两国间的文化距离，以及进口国经济规模、全球化水平和技术基础设施。文化距离虽然对中国文化产品出口具有显著负向影响，但进口国经济规模对中国文化产品出口促进作用更大。分行业看，中国文化产业规模对出版物和新媒体出口的影响大于视觉艺术产品和工艺品，而进口国经济发展水平对各种产品出口的影响基本相同。中国人口规模对新媒体、出版物和工艺品的负向影响更大，而对视觉艺术产品出口影响相对较小。文化距离对工艺品、新媒体和出版物具有显著的负向影响，而对视觉艺术出口影响不显著。互联网普及率与出版物和视觉艺术的出口存在显著相关性，但对两者的影响效应相反。

第四，中国文化产品出口变动的微观因素主要来自竞争力效应、产品结构效应和地理结构效应。竞争力效应对出口市场份额的平均贡献为-1.5%，而结构效应对出口市场份额的贡献是7.8%。因此，中国文化产品出口市场份额总体变化主要是由结构效应带来的，并且地理结构效应是结构效应对总效应产生正向贡献的主要影响因素，产品结构效应对结构效应的贡献为负。比较中国和日本、韩国和印度文化产品出口变化的成因发现，中国和韩国文化产品出口总体市场份额在不断增加，日本和印度的总体市场份额在不断下降，竞争力效应是韩国、日本和印度文化产品市场份额演变的主导因素，但不是中国出口市场份额演变的主要因素。

第五，中国文化产品出口与主要国家在世界市场上的竞争激烈程度普遍要低于相似度最高的国家。美国、日本和印度是中国文化产品在世界市场上的主要竞争者，日本和中国香港是中国文化产品在美国市场上的主要竞争者。虽然中国文化产品在国际市场上具有一定的比较优势，但相比发达国家，这种比较优势依然较弱。在出口的文化产品中，工艺品、新媒体和视觉艺术产品具有比较优势，而出版物、表演艺术和视听产品等核心文化产品比较优势不显著，尤其是视听产品；并且工艺品、新媒体、出版物、视觉艺术品的比较优势都在下降，只有视听产品的比较优势在上升。

目 录

01

绪　论

1.1 研究背景及问题

1.1.1 研究背景

20 世纪 70 年代以来，许多工业生产活动从发达国家转移到低收入的发展中国家。同时，发达国家还出现了经济“审美化”现象，也就是说，商品价值随着商品所呈现的形象、品牌或样式而变化（Lash & Urry, 1994）。在这两种经济行为的共同作用下，文化产业开始在发达经济体中崛起。文化产业所生产的文化产品的吸引力和竞争力主要来源于其蕴含的符号和美学特征，产品生产往往是技能密集型和知识密集型的，且特定区域的文化对文化产品的竞争力和吸引力也会产生重要影响。经过几十年的发展，文化产业在全球经济中的重要性日益增加。进入 21 世纪以来，文化产业更是成为许多发达国家和地区的支柱性产业，其中，美国、英国、日本和韩国等发达国家是典型的代表。

伴随着经济全球化的急剧推进，文化在更大范围内的流通速度日益加快。马克思曾指出，随着资本主义经济的迅速发展，必然形成统一的世界市场。资本主义不仅战胜了落后民族的经济，而且在世界经济市场的驱动下，各民族的精神产品也成了“共同的文化”①。在今天，这样的世界统一市场正在形成中，尤其是国际文化贸易的迅猛发展。1980～1998 年，全球所有商品进口额增长 189%，而文化产品进口额则增长了 347%（UNESCO, 2005）。目前全球文化产品出口额大约占世界总出口的 2.4%，虽然所占比例仍然较低，但在过去 30 多年，文化贸易额呈现出几何级数增长态势。2010 年，全球文化产品和服务出口达 3830 亿美元，是 2002 年的 2 倍多（UNCTAD, 2010）。文化产品在全球流动的增加还可以从其流行性中直接地观察到。2012 年，韩国说唱歌手“鸟叔”的一首《江南 Style》红遍全

① 陈威．国家对外文化贸易研究［M］．深圳：深圳报业集团出版社，2010.

球，这首歌在当年同时居24个国家官方音乐排行榜的第一名。这些指标都反映出全球联系增加的一个新现象，那就是国际文化贸易快速发展带来的文化全球化。

全球文化贸易发展虽然增加了不同国家间的文化联系，但在发展过程中，也出现了严重的不平衡。一方面，世界文化产品的供给和贸易高度集中在少数发达国家。2010 年，欧盟 15 国占全球文化产品出口总额的 50.4%，北美地区占25.09%，而其他地区仅占24.51%（见图1-1）。另一方面，文化产品主要从北美等核心地区向第三世界等外围地区单向流动。以2000年48个国家和地区的电影为例，美国好莱坞电影在45个国家中排名前十，而只有在三个国家（印度、伊朗和巴基斯坦）例外。2008 年，在全球票房收入前10名的电影中，美国生产的就占8部。此外，美国出口的视听产品约占世界出口额的 50%，音乐产品占全球销售市场份额的 34.3%，这些都反映出美国文化产品在全球文化贸易中的主导地位。

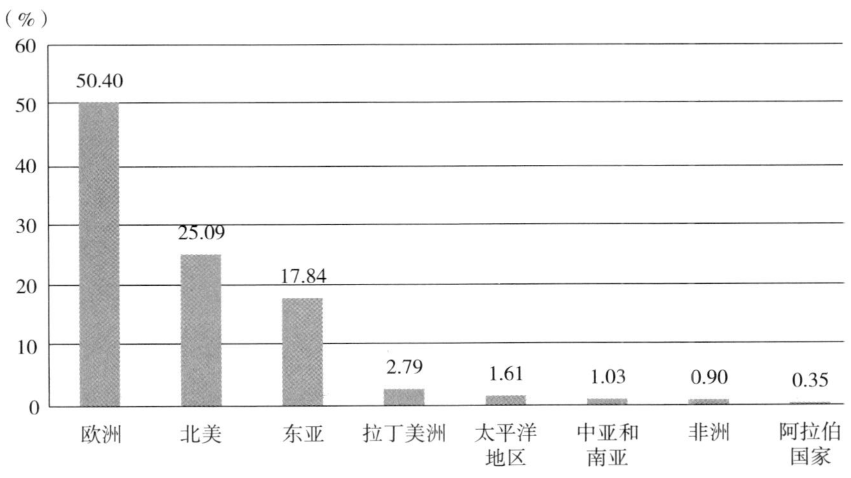

图 1-1 2010 年世界主要地区文化产品出口占总体比重

资料来源：UNCTAD，2010。

文化产品有其自身特殊性，具有经济和文化双重属性，因而导致国际文化贸易和国际经济贸易存在一些差异。这种差异的存在，使许多国家意识到，强势文化能够借助经济规则控制和影响弱势文化，进口文化产品可能导致来源国的社会、政治和文化等在国内扩散，从而威胁国家和民族文

化认同，最终导致文化同质化。随着对国外文化产品的流入和扩散威胁意识的增加，许多国家强烈要求对文化贸易实行“文化例外”。但是，一些国家却认为，文化产品的流入有助于进口国吸收国外文化，从而增强文化多样性，文化贸易应该实现自由化。以上两种观点的矛盾和冲突凸显了文化贸易所具有的复杂文化与政治意义。尽管不同观点存在矛盾和冲突的地方，但是目前仍然达成了一定的共识，即在文化全球化时代，任何国家的本国文化都将不可避免地与全球范围内的文化相碰撞。

文化产品的跨境流动同样吸引了许多不同领域学者的关注。但是大多数文献主要关注处于“核心”地位国家的文化贸易，而对“外围”国家的文化贸易关注较少，更别提发展中国家。同时，先前研究还主要关注美国视听产品的国际贸易，因为这些文化产品不仅在国际贸易中占主导地位，而且传递着重要的政治和文化内容。先前观点主要是基于这种单向贸易流得出的，其研究结论不具可比性，不能很好地为其他国家文化贸易的发展提供经验借鉴。此外，在全球化的推动下，文化贸易的全球市场背景也发生了深刻变化，文化贸易流变化的原因更为复杂，需要从不同角度解释贸易变化及其成因。

自改革开放以来，中国经济总量取得了举世瞩目的成就，成为仅次于美国的世界第二大经济体。在硬实力逐渐增强的同时，国家高度重视文化“软实力”的提升，不断从国家战略高度深化对文化“走出去”重要作用的认识。2002 年 7 月，时任文化部部长孙家正在全国文化厅局长座谈会上首次提出“进一步扩大对外文化交流，实施‘走出去’战略”。党的十五届五中全会指出：“要加快实施文化产品‘走出去’战略，推动中华文化走向世界。”党的十六届四中全会提出：“要推动中华文化更好地走向世界，努力提高国际影响力。”党的十七届六中全会明确指出：“推动中华文化走向世界，积极吸收借鉴国外优秀文化成果。”党的十八大报告对推进社会主义文化强国建设提出了新的要求，要求文化产业成为国民经济支柱性产业，中华文化“走出去”迈出更大步伐。

在国家发展战略和产业政策引导下，我国文化产业规模不断扩大。2004~2012 年，我国文化产业增加值年均增速超过 23%。2010 年中国文化产业增加值突破万亿元，2012 年全国文化产业增加值更是达到 1.8 万亿元，占 GDP 比重为 3.08%。但中国核心文化产品国际贸易却存在着巨大逆差。图书、报纸和期刊贸易，音像制品和电子出版物贸易，以及版权贸易等都处于严重逆差状态，并且这种趋势还在不断加强（见图 1-2）。2013年，国产电影在国内的票房收入屡创神话，《泰囧》创造出 12.6 亿元票房纪录，《西游·降魔篇》票房突破 11 亿元，就是这种在国内热门的电影，输出到国外却不能被当地居民所接受。《泰囧》在国外的票房收入仅为 35 万元人民币，《西游·降魔篇》的票房也极为惨淡。因此，研究影响中国文化产品出口贸易的主要因素对中国文化“走出去”战略的实施和文化产业的发展都具有重要的理论和现实意义。

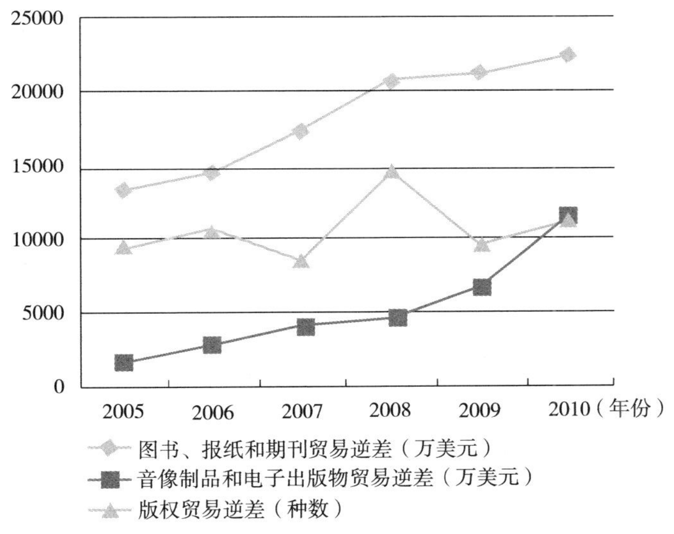

图 1-2 2005~2010 年中国核心文化产品国际贸易

资料来源：商务部网站。

1.1.2 问题的提出

从前面我们可以看到，文化全球化是当今世界的主旋律。在这种背景下，中国的文化发展不可能独善其身，难以避免将遭遇世界主导文化和多样性文化的冲击。一个国家和民族要维护自身的文化主权和文化安全，确立自己在世界的文化主体地位，就必须充分利用对外文化贸易的手段，在“引进来”的同时努力实现文化产品“走出去”。那么，一个重要的问题

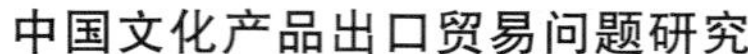

就出现在我们面前，那就是哪些因素影响着中国文化产品出口贸易的发展？

事实上，在西方发达国家，国际文化贸易也是一个相对较新的现象，主流经济学者对该领域的研究比较少，还没有形成完善的文化贸易理论体系。因此，本书首先需要解决的问题是说明文化产品具有的特殊性。在文化全球化背景下，大多数国家认为对国外文化产品的进口会威胁到本国的文化认同，强调对文化贸易实行“文化例外”，那么，各国都采取哪些形式保护本国文化和文化产业？中国文化贸易经历了十多年的发展，都发生了哪些变化？又具有怎样的特征？影响中国文化产品出口贸易量和贸易流向的主要因素有哪些？与其他国家相比，中国文化产品在国际文化市场上具有竞争力吗？这些问题都有待理论和实证的检验，同时也都是当前我国文化产业发展面临的重大现实问题。

1.2 研究意义

为回答上述问题，本书拟从理论上对文化产品及其国际贸易相关理论进行全面系统的讨论，并利用中国的实际数据对中国文化产品出口的历史演变、影响因素等进行多视角、多维度的实证分析，因此，在理论和实践上都具有重要意义。

在理论上，文化产业具有“文化+产业”的独特属性，涉及学科理论非常宽泛，包括艺术、传媒、文学、法律等，这些学科都侧重对文化产业中的文化属性进行研究，对产业属性的经济学研究还很缺乏。因此，本书的理论意义主要包括两个方面：第一，在当前文献中，对文化产品特征的研究多是零散的分析，很少进行系统的讨论，本书较为系统和全面地从经济学角度探讨了文化产品的理论特征，在这个意义上本书可以为当前的文化产业经济学发展提供一个理论支持；第二，长期以来，文化产业游离于主流经济学研究范围之外，传统经济学理论对文化产业的适用性仍有待进一步验证。本书利用经济学理论来解释文化产品出口贸易，不仅有助于检验传统经济学理论在文化产业领域的适用性，而且可以深化和拓展传统经济学自身的理论体系。

在实践中，现有国外文献主要集中于对发达国家文化产品对外贸易的研究，国内文献大多基于非经济学学科，本书的研究不仅丰富了发展中国家文化产品贸易的研究文献，而且丰富了国内文化贸易的经济学研究文献。同时，实施文化"走出去"战略是维护我国文化主权、保障我国思想文化独立的重要手段，也是对外服务贸易的重要组成部分。而当前有关文化产品贸易的理论文献稀缺，但同时其又是当前和今后中国文化产业发展的重要热点问题，本书的研究对于政策的制定具有重要的指导意义。此外，目前中国出口文化产品的企业数量和贸易额都在快速增长，急需相关理论指导，本书的研究可为文化企业的出口行为决策提供重要的参考价值。

1.3 研究内容及方法

1.3.1 研究内容和框架

本书研究的基本思路在于将文化产品出口这一问题进行不同维度的拆分，通过完成对拆解子问题的回答，最终实现对本书研究问题的解答。具体而言，本书根据图 1-3 来安排和组织全书的研究。首先提出研究问题，然后梳理相关理论和文献，接下来对问题进行初步分析，并在此基础上将问题进一步深化。在分析问题和深化问题的过程中，从多层次、多维度对相关问题进行理论讨论和实证检验。

基于上述思路，结合我们在前面提出的重要问题，本书将分成八章进行详细讨论，具体如下：

第 1 章，绪论。首先从当前的国内外文化贸易发展背景出发引出本书所要研究的主题，指出问题研究的重要意义，然后对本书的逻辑结构、行文思路、研究内容及方法进行安排，最后对本书做出的贡献及存在的不足进行说明。

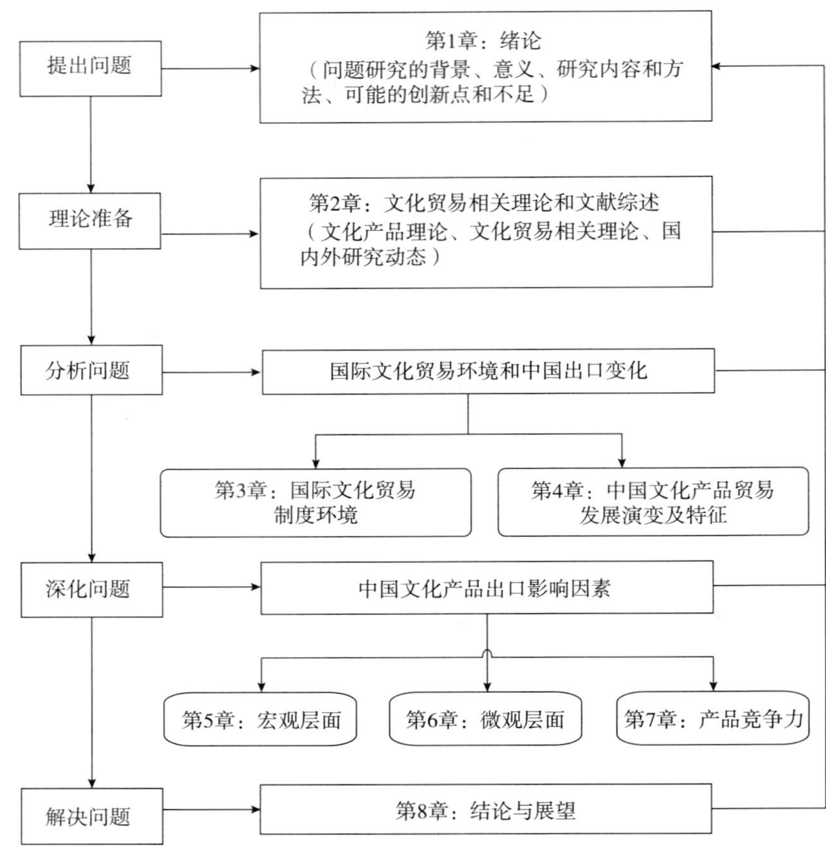

图 1-3　本书的研究框架

第 2 章，文化贸易相关理论和文献综述。本章是全书研究的基础，首先对文化产品的定义及其经济学特征进行详细的描述，然后对文化全球化理论、需求偏好相似理论和文化折扣理论等进行归纳与回顾，并对国内外研究文献进行总结和评论，为后续章节研究的开展奠定基础。

第 3 章，国际文化贸易制度环境。本章主要基于文化贸易保护视角从三个层面探讨世界文化产品贸易发展环境。首先，从法律层面分析世界主要文化贸易政策与规则，包括 WTO 多边贸易制度对文化贸易的相关规定和 UNESCO 关于文化多样性的相关规则。其次，从经济层面分析国际文化贸易壁垒的主要形式，并考虑贸易壁垒对文化产品进口国的影响及其福利变化。最后，从社会层面分析主要国家居民对文化贸易保护的支持态度，并进一步探讨文化贸易保护支持态度的国家间差异。

第 4 章，中国文化产品贸易发展演变及特征。本章的作用在于为后续章节研究的开展奠定一个基本的发展背景，增强本书研究的整体感性认知度。在对相关数据资料进行分析整理的基础上，对 2002~2011 年以来中国文化产品出口贸易总量演变进行描述性分析，并对中国文化产品出口结构、集中度和产业内贸易特征进行动态分析。

第 5 章，中国文化产品出口贸易决定因素：基于引力模型的宏观分析。本章在分析规模经济、文化亲近、知识产权保护、全球化水平、技术基础设施等因素影响文化贸易的理论机理基础上，通过扩展引力模型，并运用 2002~2011 年中国文化产品出口贸易流量和流向的相关数据对主要影响因素进行实证分析。在此基础上，进一步对细分行业的影响因素进行考察和比较。

第 6 章，中国文化产品出口变化成因：基于 CMSA 的微观分析。在研究文化产品出口增长原因时，出口品种结构、市场结构及竞争力等因素不容忽视。因此，在第 5 章的基础上，本章从微观层面分析中国文化产品出口变化的成因，运用 CMSA 模型将上述因素在中国文化产品出口增长中的作用进行分解；从时间维度揭示三因素在影响方向和程度上的变化轨迹；从截面维度比较三因素在不同国家中影响的差异性。

第 7 章，中国文化产品的国际竞争力测度与比较。本章主要目的是对中国文化产品在国际市场上的竞争力进行详细和拓展分析。首先，根据出口相似性来分析竞争力。由于评价具有不同贸易方式的国家间的相对竞争力水平毫无意义，为使研究结果更具有意义，对一个国家的竞争力分析首先需要决定主要竞争者的出口相似度。其次，在文化全球化背景下，获取更高水平竞争力的关键在于针对主要竞争对手提高比较优势，因此进一步分析中国文化产品在世界市场的静态和动态比较优势。

第 8 章，结论与展望。在对全书研究内容与成果观点进行归纳总结的基础上，提出相应的政策建议，并指出中国文化产品出口这一问题将来可能的研究方向与切入点。

1.3.2 研究方法

（1）逻辑归纳与演绎推理相结合。本书通过文献解读与逻辑归纳完成了第 2 章的相关理论及对国内外研究动态的评述。利用演绎推理法对第 5 章的理论分析框架进行了构建，形成实证分析的基础。

（2）定性分析与定量研究相结合。本书全书的谋篇布局及各个章节研究的逻辑展开基本都运用了定性分析方法，确保了全书的内在逻辑连贯性。在实证研究分析中，本书将结合大量的现代研究方法，如面板数据分析、恒定市场份额分析及静态和动态显性比较优势等指标对问题进行细致刻画，以求符合中国发展实际，使得出的结论更为准确和可靠。

（3）纵向分析与横向比较相结合。本书在分析中国文化产品出口的特征、成因及竞争力时，都采用时间序列方法对其发展变化进行纵向分析。同时，在研究国际文化贸易环境时，本书对世界各国的文化贸易壁垒及各国居民对文化贸易保护的态度都进行了横向比较。此外，在研究中国文化产品出口变化成因的微观因素时，本书还将中国与韩国、日本和印度三个基准国家进行比较分析。通过纵向分析与横向比较相结合，在延伸本书研究深度的同时，也在一定程度上拓宽了研究的广度。

1.4 本书的创新点和不足

1.4.1 可能的创新点

本书的创新点主要体现在以下几个方面：

在研究对象上，本书讨论的是中国文化产品的出口贸易，这是当前文化产业研究的一个重点，本书是对这一问题首次进行系统的经济学研究。

在研究视角上，有关文化贸易的研究，国外文献主要是站在发达国家立场进行研究，而国内文献主要是从中国文化产品供给层面进行的，本书则是研究发展中国家的文化产品出口贸易，并且主要从需求层面进行讨论。

在研究指标上，当前文献中对于文化产品出口竞争力的研究主要是采用静态的比较优势指标，本书在此基础上还采用了动态显性比较优势指数，反映比较优势随时间的动态变化。

在研究方法上，本书将面板数据随机效应模型、恒定市场份额分析模型等多种前沿性的分析方法引入实证过程，丰富了研究内容和研究方法，也提高了本书结论的准确性。

1.4.2 存在的不足

本书在写作过程中遇到了诸多困难。首先，理论研究的困难。国内外文化产业的快速发展出现在20世纪90年代末期，主要的理论研究也出现在这一时期。相比产业经济学的其他领域，文化产业显得十分年轻，理论研究十分匮乏。同时，文化产业涉及面非常广，文化产品也包罗万象，彼此间存在较大的差异性。文化产品还具有不同于一般商品的经济学特性，而传统经济学与文化产业存在诸多不一致的地方。其次，数据和实证研究的困难。由于国内外对于文化产业统计口径不一致，缺乏有关文化产业发展的翔实的统计数据，制约了本书对于文化产品贸易的深入研究。

本书研究工作的不足之处主要体现在以下几个方面：一是本书从国外环境、演变特征、宏观因素、微观因素、竞争力等层面对中国文化产品出口贸易进行研究，但这些层次之间的逻辑关系并不严谨，并没有像主流经济学研究范式那样，能够放置于一个统一的框架或范式之中予以系统研究。二是文化产品兼具经济和文化的双重属性，但本书的研究主要采用经济学分析方法考虑文化产品的经济属性，而没有过多强调文化产品的文化属性。三是本书缺乏数理模型。本书没有构建数理模型，并在此基础上提出理论假设，而是直接进行实证分析，略显不足。

02

文化贸易相关理论和文献综述

作为全书研究的基础和理论准备，本章第一节首先在明确文化定义的基础上，详细探讨文化产品的相关概念，并阐述其与一般商品所具有的不同特征。第二节深入地分析文化贸易相关理论，为后文展开讨论奠定理论基础。第三节为本书的研究综述，分别对国外有关文化贸易保护和文化贸易影响因素的研究及中国有关文化贸易的相关文献进行梳理和评论。

2.1 文化产品

2.1.1 文化产品的内涵

文化与现实生活紧密联系在一起，因此，文化很难概念化。正如英国学者 Williams（1985）指出，文化是英语中最复杂的词汇之一。目前，有关文化的定义已达 200 多种①。Kroeber 和 Kluckhohn（1952）在《文化：一个概念定义的考评》一书中，收录了由世界各学科领域著名专家和学者所做的 166 条关于文化的定义，并根据不同定义的相似性，将这些定义划分成六大类型：描述性定义、历史性定义、规范性定义、心理性定义、结构性定义和遗传性定义。

不同学者所处的学科背景、定义时期、定义方式不同，对文化的理解也是仁者见仁、智者见智。在已有的定义中，较为典型和具有代表性的主要有：Tylor（1871）将文化定义为“一个复杂的整体，包括知识、信仰、艺术、法律、伦理道德、风俗和作为社会成员的人通过学习而获得的任何

① 郭莲. 文化的定义与综述［J］. 中共中央党校学报，2005（1）：115-118.

其他能力和习惯①”。Sapir（1924）将文化界定为“在人类生活中任何通过社会遗传下来的东西，包括物质和精神两方面②”。Folsom（1928）将文化定义为“人类所生产的一切产品的总和，包括工具、符号、大多数组织机构、共同的活动、态度和信仰”③。UNESCO将文化定义为：“某一社会或社会群体所具有的一整套独特的精神、物质、智力和情感特征，除了艺术和文学以外，它还包括生活方式、聚居方式、价值体系、传统和信仰。”④

Goodenough（1998）对文化的分类更有助于我们理解文化内涵。他将文化分成高雅文化、民族文化和大众文化。其中，高雅文化包括歌剧、芭蕾、古典音乐、舞台戏剧、艺术电影、学术期刊等表达形式；民族文化包括民俗音乐、民俗舞蹈、民间故事和传说、传统艺术、手工艺和民俗建筑等；大众文化则包括电影、电视、流行音乐、流行小说、新闻和商业建筑等。本文阐述文化的定义并非要在无数定义中选择最佳定义，而主要是为了更好地理解文化产品的内涵。

目前，对文化产品的定义和概念界定可以从两个方面出发。第一，根据文化产品蕴含的意识形态、经济内涵等对文化产品的概念进行阐述。例如，Cheptea（2005）认为，文化产品是指承载着重要文化成分的产品，包括来源地消费者的偏好、商业行为和机会等信息，这种文化成分可以通过增加关于来源市场的知识和改变他们的偏好两种途径被目的地消费者所吸收。文化产品的一个重要特征是在社会和文化联系的作用下，来源地的消费效用往往比目的地要高。加拿大文化统计框架（CFCS）定义文化产品为来源于创作者的艺术创作活动及其产出，它并没有根据智力、道德和艺术价值来评价文化。⑤

赵淼（2008）定义文化产品为：“那些能够传达生活理念、表现生活方式的消费品，它具有传递信息或娱乐的作用，有助于建立集体认同感，

---

① Tylor E. B. Primitive Culture: Researches into the Development of Mythology, Philosophy, Religion, Art, and Custom [M]. Murray, 1871.

② Sapir E. Culture, Genuine and Spurious [J]. American Journal of Sociology, 1924 (4): 401.

③ Folsom J. K. Culture and Social Progress [M]. Longmans, Green and Company, 1928.

④ UNESCO Universal Declaration on Cultural Diversity, 2001, Preamble.

⑤ 资料来源：http://www.statcan.gc.ca.

并能影响文化实践活动。"[①] 李东华（2006）认为，文化产品是"由文化人和文化行业生产出来的含有文化性、艺术性或文化含量高的文化载体和服务[②]"。臧秀清和游涛（2011）对文化产品的定义是："由文化产业相关人士或者部门创作的，以文化艺术为主要内容，能够满足人类精神需求、反映社会意识形态、满足大众娱乐的文化载体。"[③] 满足以下两个标准的产品可以称为文化产品：一是文化产品拥有符号价值和经济价值，或者说包含美学价值、文化价值和经济价值；二是消费者愿意为该产品符号价值支付的金额要超过为该产品实用性所支付的金额（谭军，2013）。

第二，根据产品分类界定文化产品。文化产品是传播思想、符号和生活方式的消费品，包括图书、杂志、多媒体产品、软件、唱片、电影、视频、视听节目、工艺品和时尚设计（Garzón，2003）。UNESCO（2005）提出，狭义的文化产品包括印刷、出版、多媒体、视听艺术、留声机和电影机及工艺品和设计等产品，广义的文化产品还包括建造、视觉和表演艺术、体育、音乐器具的制造、广告等产品。如果主要目的是关注文化产品在国际贸易中的适用性，可贸易的文化产品则包括为了生产或者传播娱乐或者思想的产品或服务，主要是音乐、文学、戏剧、喜剧、纪录片、舞蹈、绘画、摄影、雕塑等（Grasstek，2005）。文化产品是像文物建筑、遗址、艺术作品（如绘画、雕塑）、文学和音乐等具有重要文化意义的有形或无形的项目（Cheng，2006）。文化产品有广义和狭义之分，广义的文化产品包括文化用品、设备、旅游、体育用品等，狭义的文化产品包括图书、报刊、音像制品、网络文化产品等（韩立余，2008）。本书认为，文化产品是由文化产业所生产的、有形或无形的物质产品，主要采用 UNESCO（2005）提出的文化产品的定义。

在界定文化产品内涵后，还需要区分两个概念：一是文化产品和文化商品。本书认为，文化产品和文化商品两个概念是等价的，在使用时可以相互替代。二是文化产品和文化服务。无论是有形还是无形，产品是指可以建立所有权，并且可以被交易和存储的。而服务则是指所有权不能从实

---

① 赵森．浅谈提升我国文化产品竞争力［J］．黑龙江对外经贸，2008（7）：27－29.

② 李东华．文化产品价值分析［J］．科技广场，2006（6）：123－124.

③ 臧秀清，游涛．文化产品：特征与属性的再认识［J］．探索，2011（5）.

体中分离，并且不能从生产或使用中被单独地交易。因此，文化产品和文化服务也是不同的。文化产品是传播思想、符号和生活方式的消费品，而文化服务则指满足人们文化兴趣和需要的行为，通常不以货物的形式出现，它是指政府、私人机构和半公共机构为社会文化实践提供的各种各样的文化支持。[①] 由于服务贸易的无形性和不可测度性，本书主要以文化产品为研究对象。

2.1.2 文化产品的经济学特征

文化产品包括图书、报纸、电影、电视剧等类型的产品，这些产品作为商品形态，同样可以在市场上购买和销售。但是，WTO 和部分区域贸易法律都将文化产品和一般产品差别对待，并且各个国家也采取特别的政策或措施来保护本国文化产品生产。那么，文化产品存在哪些特殊之处？对此，Grant（2011）较为详细地比较了一般商品和文化产品之间的差异性（见表 2-1）。从中可以看出，无论是文化产品的生产还是消费，都具有与一般商品不同的特性。

表 2-1 一般商品和文化产品的区别

属性	一般商品	文化产品
商品本质	以实用为目的	传递观点、信息或者娱乐
生产	生产每单位商品都需要消耗一定的资源	创造知识产权的过程，初次生产昂贵，之后可以很低价存储、复制及传播
边际成本	显著	不显著
需求的可预测性	需求基本随时可测	在成本发生前需求难以预测
可替代性	大量竞争品牌的存在→可替代性高	产品/服务被认为是唯一的；产权法的保护→可替代性低
需求时间表	产品需求将持续至下一个产品周期，通常能持续几年	产品一经推广，或被新一代的产品替代，需求将骤降，通常只持续几个月甚至几周时间

① 张玉国，朱筱林．文化、贸易和全球化（上）［J］．中国出版，2003（1）：46-51.

续表

属性	一般商品	文化产品
需求决定者	最终消费者	根据不同的产品而定，书籍和电影取决于最终消费者，杂志和商业广播取决于广告商，广播则取决于电缆或者卫星的提供
价格设定	价格趋于一致，生产者获利的目的阻碍了市场的差异化	在市场内，单一产品通常有相同的“行情”，而这决定了价格；不同市场间，由于产品使用目的、使用时间的不同，往往价格存在较大差异；产权法的存在允许市场进行无限的细分
定价范围	取决于需求和供给，很大程度上受到边际成本和非歧视性定价的影响	边际成本并不重要，不同产品的定价可以存在非常大的差异
消费性质	每单位的产品都可消费，并且具有排他性	产品的知识产权不可被消费，但是可以通过无限的复制达到使用目的；具有公共物品的属性
广告时间表	在较长的一段时间内进行持续的广告投入，以维持品牌知名度	在产品的推广阶段，即在产品被新一代产品替代之前，进行大量的广告宣传

资料来源：Peter S. Grant，Chris Wood. Blockbusters and Trade Wars：Popular Culture in a Globalized World［M］. Toronto：D&M Publishers Inc.，2004：44-45.

本书进一步从经济学角度对文化产品的主要特征进行分析。具体来看，主要包括以下几个方面：

（1）文化产品具有经验品和信任品特征。在产业组织理论中，消费品可以分为搜寻品、经验品和信任品（Nelson，1970）。搜寻品的产品质量在购买前就已经知道，而经验品的质量必须在产品购买后才能知道，信任品甚至在产品购买之后也不了解质量。文化产品属于典型的经验品（Towse，2011）和信任品（Kretschmer et al.，1999）。文化产品的无形性和异质性增加了产品或服务购买时的信息不完全性，从而刺激潜在的消费者寻求口碑效应（Maru & Cermak，1994）。对于文化产品而言，很难确定究竟是需求形成供给还是供给形成需求。此外，文化产品的经验品这一特征导致经济主体要想提升品位，必须通过一段时间的消费中学，从而可能出现“理性沉溺”（Werner，2005）。

（2）文化产品价值的多元化。与其他商品一样，文化产品在市场上也规定了价格。但是，由于文化产品具有文化和经济的双重属性，因此，文化产品的价值不仅只是所用资源的生产函数。文化产品不仅具有直接的使用价值，还具有重要的文化和社会价值，包括美学价值、精神上的重要意义、符号价值、历史重要性、影响艺术发展趋势及其独特性等（Throsby，2003）。文化产品作为社会价值和文化价值的重要载体，比经济价值更重要（Klamer，2004），这一点在艺术品中更加清晰可见。艺术品的价值是社会共识的函数，艺术界人士认为文化价值在其中占有更大的比重。Shubik（2003）指出，“不同于其他许多消费品，艺术品的价值评估更加依赖于文化规范和社会认可度，而不是消费者的感知需求”。因此，文化产品货币化的经济价值并不是最主要的，更为重要的是文化产品本身所蕴含的文化和社会价值。

（3）文化产品差异性程度较高。文化产品具有较强的差异性，主要有以下几个方面的原因：①经验品性质，文化产品的产品质量是不确定的，即使在消费后也不一定能够准确测量；②主观性强，没有可供参考的标准来对相互间的品位进行比较；③文化从属性，对相应文化产品的消费表明了他们从属于哪个社会群体；④个人偏好和品位的客观性，人们消费文化产品根据个人品位，但同时还有部分受社会和文化网络影响（Molteni & Ordanini，2003）。在艺术、电影、书籍、音乐等类型的产品中，没有完全相同的两个产品。高度的产品差异化与文化产品的符号和内容相联系，反映了文化产品在产品上的创新。差异化产品在市场上很容易出现过度供给或者供给不足（Dixit & Stiglitz，1977）。

（4）文化产品具有公共品性质。在经济学理论中，公共品具有非竞争性和非排他性。换句话说，一个人对公共品的消费不会排除其他人消费的可能性。文化产品按照是否具有可复制性，可以分为可复制的文化产品和不可复制的文化产品。其中，电影、电视、音乐、图书等可复制的文化产品在使用中实质上具有非竞争性和非排他性，因而这些产品具有公共品性质。但是，对于不可复制的文化产品，例如古董、工艺品等而言，它们在实际使用中具有排他性和竞争性，则不具有公共品性质。文化产品的非竞争性还可以解释相关的国际贸易政策。在竞争性国际市场上，以一个相当低的价格对外销售私人产品，则可能被强烈地认为是“倾销”，即以低于成本的价格出售。然而，对于具有非竞争性的文化产品来说，这不意味着出口产品以低于成本价出售，因为它的边际成本非常低，并且没有任何其他的额外费用（Sauvé & Steinfatt，2000）。

（5）文化产品生产具有规模经济性。规模经济是指大规模生产导致的经济效益。在传统产业中，生产每单位产品都需要消费一定的资源，而文化产业是知识密集型产业，更多的是依靠智力投入。因此，文化产品生产的初始固定成本很高，而后复制、传播的边际成本很低，甚至为零。许多文化产业，包括电影、电视、音乐、出版等都具有显著的规模经济性。Schulze（1999）以电影的生产为例指出，电影在生产制作过程中，其固定成本非常高，但是边际复制成本却很低。因此，大型的电影公司可以通过较高的制作投入、较低的复制品价格分散固定成本，做到比小电影公司更具成本优势，迫使小电影公司退出市场，最终赢得市场势力。在其他文化产品生产中，这种内部规模经济也同样适用。

（6）文化产品消费具有网络外部性。传统经济学理论认为，一般产品是以实用为目的，产品消费是为了获得最大化的效用。而文化产品主要是传递观点、信息或者娱乐的，其经验品和享乐品特性使文化产品的消费特征独一无二。尽管对于某些文化产品的选择依赖于个人品位，但更多的是受到社会和文化网络的影响。Veblen 在《有闲阶级论》中提出的休闲阶层理论恰当地描述了这种社会和文化网络，他认为人们倾向于消费与更低社会经济阶层相区别的休闲产品（Veblen，1899）。Bourdieu（1984）在消费品位形成的理论中，拒绝了消费偏好是由个人选择造成的观点。Janeba（2007）提出了文化认同的概念，他认为个人对于文化产品的效用部分基于有多少其他人消费相同的产品，消费者经常面临对具有网络外部性特征的差异化产品的选择问题。人们可能从其他人消费相同文化产品中获得额外的收益。例如，当其他人也观看了同一部电影时，消费者便能够分享相互间的经验。因此，文化产品价值不是由个人而是由集体来评价的（Throsby，2003）。也就是说，文化产品的消费依赖于“口口相传、品位文化和流行性，个人的选择是由建立在社会网络上的信息反馈而不是由先天的偏好和价格主导的”（Potts et al.，2008）。基于文化产品消费的网络外部性，

社交网络在文化产业的发展中起到尤为重要的作用。

由于文化产品涉及的范围较广泛，文化产品的上述经济学特征在某些类型中表现得相当明显，而在其他一些行业中并没有那么显著。但是，对于核心文化产业而言，如电影、电视、音乐等产品都具备上述经济学特征。

2.2 文化贸易相关理论

2.2.1 文化全球化理论

全球化不仅有着经济或者政治含义，其在文化领域同样影响深刻（Rothkop，1997）。国家与国家之间不同形式的频繁交流不可避免地造成了文化全球化。许多学者试图研究文化全球化的本质，但由于其复杂性，因此很难完全地掌握它，主要可能是由于文化全球化的过程是多方面的（Crane，2002）。Appadurai（1996）认为，“全球文化经济是复杂的、重叠的、不按顺序分割的，且不能用现有的核心—外围模型来解释”。Crane（2002）提出了文化全球化的三个理论模型，即文化霸权、文化流动与文化接受，每个模型各自可以解释文化全球化过程的某一方面，但没有一个模型能够反映文化全球化过程的全貌。

文化霸权理论从资本主义角度描述了文化全球化，西方发达国家主导全球经济体系，第三世界国家的控制很小。在该理论模型下，产品、文化和信息单一地从北美等“核心”地区向第三世界等“外围”地区流动。这种单向流动关系极易造成不同文化地位间的不平等。Throsby（2001）认为，伴随着各国整体经济实力的不断提升，相互之间的不平等关系也逐渐显现，发达国家与发展中国家之间的差距越来越大，文化霸权逐渐成为当前世界范围内一个典型的文化现象。Inda 和 Rosaldo（2002）认为，文化霸权使文化贸易朝着一个固定的方向发展，即从西方扩散到世界。从负面来看，该模型意味着只有强大的国家才能在文化全球化过程中发挥重要作用，从而威胁到全球文化的多样性；从正面来看，该模型可以解释一些国家为何会比另一些国家对全球文化更有影响力（Crane，2002）。Cowen（2002）针对好莱坞何以主导全球电影及消费者对此是否关心等问题展开研究，他认为就电影业而言，文化全球化的消极影响多于积极影响。

文化流动模型关注的重点在于文化传递的双向性。该模型认为，在文化全球化过程中，作为“外围”地区的发展中国家同样可以对发达国家的文化产生影响。对全球产生影响的文化不一定来源于同一个地方或流向相同的方向。接受者也可以是来源国。文化流动模型没有描述同质化的结果，取而代之的是全球文化多样性产生的文化融合。Larkin（1997）研究发现，印度电影由于能够为尼日利亚人提供一个内容可供选择的途径而受到欢迎，这种文化产品的可选择性有助于削弱发达国家在尼日利亚的文化霸权地位。此外，其他类型的文化产品同样在不同地区和国家之间实现着快速流动，如西方对于亚洲语言和习俗的爱好、非洲传统艺术品向欧洲的不断出口等。

文化接受理论是消费者对大众媒体传播的积极而非消极反应。尽管对媒体产品的接受可能存在一种主导的意识形态，但消费者可能还会以其他方式来诠释。在解释文化全球化的影响时，文化接受理论考虑了对观众的影响是很重要的，但没有考虑到“守门员”的角色。此外，文化流动并非仅是单向地从“中心”流向“外围”，不应该将其视为一种文化入侵。相反，它应该被视为一种消费者以其自身方式“理解、占有与吸收”文化产品的过程。Michaels（2002）论述了澳大利亚中西部原住民为何愿意参与发达国家的电影和电视制作但并不会轻易接受其价值观。他认为，进口电影和电视节目并不会对当地的种族文化产生解构作用，除非当地原住民社群自己选择。Aoyama（2007）以弗拉明戈（一种西班牙音乐风格，蕴含了复杂的音乐和文化传统）为例，探讨了文化消费在将弗拉明戈塑造成为艺术和产业中的作用。他认为，尽管日本和美国是弗拉明戈的两大市场，但当地消费市场对其并非简单地接受，而是根据需要对弗拉明戈进行适当的改进以更加贴近当地文化。这意味着，一方面，本地文化和艺术应该保有原真性；另一方面，对于区域文化和艺术的未来发展而言，与外来文化融合甚至出口国外市场同样非常重要。

上述三类模型归纳了文化全球化的特点。文化霸权理论模型强调了文化“中心”向“外围”的单向流动，造成全球文化的趋同。文化流动模型强调“中心”与“外围”之间的文化双向流动，从而产生文化交融。文化接受模型关注文化传递的多层面过程，强调消费者结合自身背景对于特定文化内容的主动性理解（Fang，2007）。

2.2.2 需求偏好相似理论

Linder（1961）在其《论贸易与转型》一文中对当时主流国际贸易理论中的 Heckscher-Ohlin 模型进行了评判。他认为，建立在比较优势和要素价格假设之上的 Heckscher-Ohlin 模型描述的是国际贸易问题相关微观理论的一般性情况，尽管能够解释农产品的国际贸易却并不适用于工业品贸易。Linder 对此的解释是，工业品差异化程度较高并且不同国家的需求及偏好各不相同。他认为，一个国家更愿意与具有相似偏好的国家开展贸易活动。

Linder（1961）认为，传统国际贸易理论大多从供给的角度来分析，从世界上一个国家潜在贸易的概念入手来解释贸易模式十分重要。一个国家潜在出口品的必要条件是这种产品在出口国已经作为消费品或者投入品存在，并已经得到国内市场的支持。国内市场的存在是由国内市场需求决定的。所以 Linder 认为，除了文化习俗外，影响国内需求的重要因素是收入水平。因此，收入越相近的国家，需求越相似，潜在和现实的贸易量就越大。这个理论解释了要素禀赋相近的发达国家之间的贸易比重大于垂直产品产业内贸易的比重。

初始的需求偏好理论对于文化贸易的解释存在局限性，因为初始的需求偏好理论是立足于收入相近导致的需求偏好相似从而产生贸易。在文化贸易中，文化消费需求本身的相似程度与收入相关，但收入肯定不是文化消费需求的决定性因素，影响文化消费需求的文化距离、语言习惯等在文化消费中所能够起到的作用更大。所以在用需求偏好相似理论来解释文化贸易时，应该将需求偏好相似理论进行拓展，以便在针对不同国家进行文化贸易时能够扬长避短，突出本国文化产品的优势所在，提高文化产品的出口能力。

如果从文化产品的内容理解所需背景文化的必要程度，将文化产品分为特定性文化产品和普适性文化产品的话，那么普适性文化产品可以直接适用某些传统的国际贸易理论。就需求相似理论的适用性而言，因为文化贸易一定考虑文化习俗的因素，所以考虑修正需求相似理论的关于文化习俗的理论假设的修正，将其纳入考虑范围，并分为文化习俗相近和文化习俗有差距两种类型的贸易相对国关系。两国的收入水平依然分为两种情况，即收入相近和收入有差距。可以分为表 2-2 所示的几种情况。

表 2-2 需求相似理论下两国文化贸易产品的可能性

收入水平＼文化习俗	相近	差距
相近	特定性文化产品 普适性文化产品	普适性文化产品
差距	特定性文化产品	不适用

（1）文化习俗相近、收入水平相近时，特定性文化产品和普适性文化产品都适用需求相似理论，两国之间文化习俗可能引起的文化折扣微乎其微，消费者偏好相似，文化产品的文化诉求在两国消费者之间容易达成共识。

（2）文化习俗相近、收入水平有差距时，有文化共鸣的特定性文化产品的贸易可能性比较大，因为文化相近两国之间特定性文化产品的文化诉求容易达成一致，就可能对某些特定文化产品产生相似需求，形成规模经济，从而提高达成贸易的可能性。

（3）收入水平相近但文化习俗有差距时，适用的就是普适性文化产品，弱化文化习俗的影响，强调的是对普适性文化产品价格的接受程度的需求相似，通过这种产品的规模经济形成两国之间的贸易。

（4）收入水平和文化习俗都有差距时，一般来说，这样的两国之间的文化贸易就不适用需求相似理论。但也有特殊情况，比如中国和美国之间的文化贸易，收入水平和文化习俗都有差距，但是美国的电影在中国仍然非常受欢迎，从文化贸易地理结构来看，中国最大的文化贸易对象国是美国。

2.2.3 文化折扣理论

针对文化产品贸易问题，少数研究突出强调了“文化折扣”在理解文化出口市场演化方面的重要性。Hoskins 和 Mirus（1988）在解释美国媒介产品为何主导全球市场时，提出了“文化折扣”：“扎根于一种文化的特定的电视节目、电影或录像，在国内市场很具吸引力，因为国内市场的观众拥有相同的常识和生活方式；但在其他地方吸引力就会减退，因为那儿的观众很难认同这种风格、价值观、信仰、历史、神话、社会制度、自然环境和行为模式。”① 也就是说，文化折扣是因为外来文化产品的异质性导致本地消费者效用降低。

许多因素都可以导致文化折扣的产生。Collins（2006）发现，不同国家口语之间的差异是形成文化折扣的重要因素。闫玉刚（2008）发现，文化背景与审美预期、语言和历史传统都可以导致文化折扣的产生。何建平和赵毅岗（2007）指出，产生文化折扣的深层次原因在于文化结构的差异，这种差异通过具体的文化元素和文化符号加以呈现。Park（2004）以音乐产业为例，发现本地社会对于文化产品产地的一般态度比文化折扣的影响更大。类似地，Lee（2006）研究发现，对于中国香港地区的消费者而言，进口美国电影的部门会发生文化折扣现象，而其他部门则没有。上述研究与 Linder（1961）的假设基本一致：不同国家消费者的偏好是不同的，并且会影响文化贸易过程中的许多外生因素。

Schulze（1999）进一步考察了消费偏好是如何变化，以及贸易自身又是如何影响消费偏好的。他指出，影响偏好的重要因素之一是消费网络外部性（Network Externality），即消费者相互之间分享得越多，其自身获得的效用水平也越高。在他看来，这种文化消费的社会资本能够最终成为进口国文化的一部分，从而有利于营造一种消费类似文化进口产品和服务的市场环境。并且，进口国生产的文化产品同样可以出口给原先对其产生文化影响的国家，以及与其拥有类似进口经历的其他国家。

---

① 王建陵．文化折扣与跨文化预测：以美国电影在香港的票房绩效为例［J］．文化艺术研究，2008（1）：243-252.

2.3 相关文献综述

2.3.1 文化贸易保护研究

文化产品具有文化和经济的双重属性，因此，对于文化产品的贸易保护研究成为国际文化贸易领域的研究重点。美国等少数国家认为文化产品应等同于一般商品，要求实行文化贸易自由化，而以加拿大和主要欧洲国家为代表的大多数国家认为文化产品与一般产品不同，强烈反对文化贸易自由化，支持“文化例外”或“文化多样性”，要求对文化贸易实施保护措施。对于文化贸易究竟对本国文化是否会产生同化效应，以及贸易保护性政策或措施对文化贸易会产生何种影响，到目前为止，国外研究文献仍然没有得到一致的结论。

部分学者对文化产品国际贸易对文化传递的影响进行了研究，他们认为应该对文化贸易采取保护性措施。Francois 和 van Ypersele（2002）是较早关注文化贸易政策和福利问题的学者。他们假设对国内和国外消费者来说，文化产品的价值是不同的，且文化产品的生产处于规模经济条件下。在两国（美国和法国）和三种文化产品（主流的好莱坞电影、法国“导演”电影、美国“导演”电影）的模型中，研究了文化产品保护是否可以增加贸易各方的福利，以及如果一国对好莱坞电影征收文化关税，贸易各方能否实现帕累托改进。结果表明，电影的自由贸易将导致法国和美国“导演”电影的费用增加，最终市场上只有好莱坞大片。因此，进口限制意味着本地居民可以消费本地电影，进而能够保持本地文化的活力，增加进口国和出口国的福利。

Rauch 和 Trindad（2009）对 Francois 和 van Ypersele（2002）的研究结论表示赞同。他们分别从国家、国际和跨期三个层面考虑消费网络外部性及当期文化多样性对下期边际消费收益的影响，认为文化产品消费网络外部性越强，对母国市场效应增强程度越高。跨国间的消费网络外部性增

强，同样也会强化母国市场效应。拥有更大网络外部性的大国在长期将会挤出其他类型产品的生产，因此，自由贸易可能导致质量下降和品种数量的减少，小国旨在促进国家风格增加的补贴可以增加世界福利。Eaton 等（2000）进行了类似的研究，他们分析了网络外部性下大国的文化霸权，认为人们希望消费和邻居相同的产品，因而每个人都选择大国的类型。

Akerlof 和 Kranton（2000）提出了认同和效用的关系，他们认为，认同是效用函数中的重要影响因素，因为个人的行为影响个人的效用。在此基础上，Janeba（2006）提出了文化认同的概念，他认为文化产品在个体消费决定之间的互动形成文化认同，类似于网络外部性，并将这一概念纳入李嘉图贸易模型中。结果表明，如果自由贸易均衡是唯一的，则封闭经济中贸易不是帕累托更差；在自由贸易下，如果世界文化是多样性的，则封闭经济中的贸易将不是帕累托更优；当存在多重贸易均衡时，封闭经济下的国家文化是同质化的，则任何人的文化认同都可能从自由贸易中丧失。根据他的结论，生产和消费本地文化产品的消费者最强烈反对贸易自由化，全球化对国家文化和个体认同都会产生负向影响。因此，必须支持对本地产品的消费来保护本地文化。Olivier 等（2008）构建了文化认同的动态模型，其中文化认同也是消费者消费外部性的效用来源，国家间的社会和产品市场一体化将影响文化认同的演化。因此，文化贸易保护政策在某些情况下可以提高福利。

Suranovic 和 Winthorp（2003）运用两种不同的方式将文化融入标准的贸易模型中。第一个模型是“来自工作的文化亲和力”模型，处于某个产业中的工人从工作中获得非金钱性的文化收益。第二个模型是“文化外部性”模型，消费者从其他消费者对本国文化产品的消费中获得正的外部收益。研究结果表明，在文化亲近中，自由贸易的完全变动将会对国民福利产生正向影响，而在文化外部性中，这可能降低国民福利。因此，即使该国是一个小型开放经济，最优的关税也是正的。

Bala 和 Long（2005）研究了贸易对文化多样性的动态影响。他们考虑了包括两种产品和两种偏好类型的偏好演变模型，该模型和偏好互动机制都随着时间的推移而改变，并且偏好分布受产品相对价格影响。他们认为，一种在社会中禀赋较少的产品，唯一的稳态解是这种偏好类型的消失。当两种产品的禀赋相近时，两种偏好类型在长期均衡中都存在。因此，贸易是否可能导致一种偏好消失，取决于每种产品的相对禀赋和国家规模。也就是说，小国参与大国间的贸易可能会威胁到小国的文化认同。

Hervas-Drane 和 Noam（2013）构建了贸易和媒体部门进口比例关系的模型，通过引入政府的政治倾向和内容配额特征，阐述了在线共享作为消费者低成本获得媒介内容的机理，并分析了文化产品跨境商业和消费的影响。结果表明，如果在线共享不能被封锁或因为严重的技术或政治原因受到处罚，那么这种配额将是一个非理想的状态。从长期来看，在线共享会对文化多样性产生威胁。Hervas-Drane 和 Noam 的主要贡献在于表明了在线共享严重地限制了基于进口壁垒的贸易保护政策的有效性。

在实证研究中，许多学者认为，大国利用其经济与技术优势，使其文化产品在国际市场上更受欢迎，最终将会取代一些小国的本土文化产品，因此，为保持文化多样性，小国的文化应该受到保护（Sauvé & Steinfatt，2000）。一般来说，文化保护观点主要是基于生产和消费文化产品是提高和发展民族认同和文化所必需的。Disdier 等（2010）提供的证据表明，在法国引进国外电视会导致新生儿名字的实质性变化，如从传统的法国名字“Sebastien”转向美国名字“Dylan”“Brenda”，这表明文化贸易会对地方的象征性行为产生重要影响。与文化保护观点相反，还有部分学者提倡文化贸易自由化。Cowan（2002）批评了反对全球化的观点，他提出全球化将会促进小国文化的发展。Magder（2004）认为，如果能够从地理和文化不同的地区进口文化产品，即使过多的进口信息和文化产品也不是一个严重的问题。

Lee（2007）研究了文化贸易保护政策对自给率的影响。结果表明，配额体系不是自给率的一个显著指标，他认为，进口数量限制不是限制外国电影在本国电影院上映的有效机制。Foad（2007）研究了移民和互联网对报纸的国际贸易的影响。结果表明，双边移民增加10%将引致国家间报纸贸易增加4.4%。不同于移民的增加将导致更大的贸易量，互联网的使用将使这种效应下降。因此，文化产品贸易不需要保护，因为一国经济的存在为它的产品在世界舞台上创造了市场。Bruner（2008）认为，美国电影和电视剧能够畅销海外，主要是因为消费者用货币投票做出了选择。也就是说，美国的影视产品要比国产的好。因此，文化贸易不应该受到双边贸易体制管制。任何想要保护国内文化产品免受国际竞争的行为都是值得怀疑的。因为不仅这些保护主义效率低下，而且会使言论自由和提倡新思想这些公认的人权受到侵犯。并且他还认为，美国文化产品所受的欢迎程度表明，文化贸易自由化是大势所趋。

2.3.2 文化贸易影响因素研究

尽管全球文化贸易发展十分迅速，但是对文化产品贸易的研究仍然较少。直到20世纪90年代中期，国外学者才开始关注文化产品国际贸易成因和影响因素问题。目前，关于文化贸易成因主要有三种观点：①从意识形态角度来研究的学者认为，美国等少数发达国家主导全球文化贸易，它们对其他国家以免费或低价方式倾销；②从经济学角度来研究的学者认为，文化产品具有共享性、文化折扣和外部效应等特征，较大规模的投资所生产的文化产品对消费者更具吸引力，因而能够增强生产者在国际竞争中的比较优势（Hoskins et al.，1988）；③从社会学角度来研究的学者认为，文化、经济和政治方面的接近是文化贸易的主要原因，只有与消费者产生共鸣的文化产品才能在国际贸易中获得成功（Bielby & Harrington，2004）。

各领域学者还从不同角度对文化产品国际贸易的影响因素进行了研究，包括文化（Guiso et al.，2009）、语言（Boisso & Ferrantino，1997；Melitz，2008）、殖民联系（Rose，2000；Eichengreen & Irwin，1998）及移民（Wagner et al.，2002）等。首先，国内市场规模是影响文化贸易的重要因素。一般认为，国内市场规模越大，越可能促进文化贸易。Marvasti（1994）最早实证研究了文化产品的国际贸易影响因素。他利用1985年63个国家间文化产品双边贸易数据，并运用柯布—道格拉斯生产函数和贸易函数对文化产品贸易进行实证分析。结果表明，国内市场规模是影响电影和音乐出口贸易的重要因素。但是，基于规模经济的贸易保护主义得不到广泛的支持。Oh J.（2001）研究了影片来源国的文化距离与一个国家电影自给率的关系。结果表明，国内产品总量、票房收入和文化距离能够解释大部分国家自给率的变化。Hwang（2013）利用1998~2008年双边贸易数据集对独一无二的艺术品贸易决定因素进行研究。结果表明，市场基础设施和机构较强的大经济体间的双边出口额更高。

至于国内市场规模对文化产品贸易非常重要的原因，Wildman 和 Siwek（1998）认为，在文化产品的生产过程中存在的外部规模经济引起知识技能的溢出效应和学习效应，某些物质资料和人力资本也互相租用，有助于产业内各文化产品生产厂商降低成本，使其产品在世界文化市场上获得价格和品质的优势。Schulze（1999）认为，文化产品生产中还存在内部规模经济。文化产品生产的初始成本很高，而复制的边际成本很低。国内市场规模越大，越有利于企业分散成本，使其更具备成本优势，因而更具市场竞争力。

其次，文化亲近对文化贸易存在正相关关系。主要是因为文化亲近降低交易成本和信息成本。Garnaut（1994）认为，语言联系及其他历史和文化联系对减少国际贸易不熟悉成本特别重要，即所谓的心理成本或主观阻力。Head 和 Ries（1998）认为，品位联系减少交易成本。Schulze（1999）应用新贸易理论研究了艺术品的国际贸易。他将艺术品分为包括录制音乐、书籍、电影等具有规模经济和差异化的可复制艺术品，以及包括绘画和雕刻作品等独一无二的艺术品。结果表明，新贸易理论适用于可复制艺术品，而对独一无二的艺术品则不适用。他还利用引力模型实证分析了1990~1994 年进口不可复制艺术品贸易量最大的 49 个国家的贸易数据，发现语言相似性对贸易的促进效应最大。Schulze（1999）还强调了文化产品“消费上瘾”的特征对贸易方式的影响。一是文化相似度低的国家间贸易受到限制，因为“文化消费资本”积累不足以增强在艺术方面的相互欣赏；二是文化产品贸易表现出较强的滞后效应，这增强了文化产品出口占主导国家的地位。

Felbermayr 和 Toubal（2010）利用引力模型和一个流行的欧洲电视网的歌曲比赛得分数据对双边文化贸易决定因素进行研究。结果表明，文化相似性是决定双边文化贸易量的重要因素。Ferreira 和 Waldfogel（2013）研究了 19 世纪 60 年代以来 22 个国家的流动音乐消费。结果表明，两国地理距离较近或者使用同一种语言，国家间的贸易量会更大。世界市场的全部节目份额大致与国家产出份额比例相同。尽管这种比例大致相同，但消费者显然更加偏好国内音乐。致力于保护本国文化的国家政策可以部分解释对本地音乐消费的增加。大国的音乐，如美国，并没有主导世界音乐份额。相反，自 1960 年以来，在 22 个国家中国内音乐市场份额都在显著

增长。

Disdier 等（2010）运用引力模型对 1988~2004 年文化产品的双边贸易流进行了实证分析。结果表明，文化产品贸易存在特殊性：共同语言促进贸易流，特别是对于图书和报纸。过去的殖民历史能够增强文化遗产的双边贸易。此外，文化产品消费还表现出很强的沉溺性，他们将文化产品贸易量作为文化品位亲近的替代变量，发现当国家间文化品位较为接近及文化产品贸易量更大时，将有利于双边贸易的发展。Hanson 和 Xiang（2011）将国家间的语言距离作为文化亲近的指标。语言距离可以采用两个国家的种族使用不同的语言、各自的人口规模及两国间语言组共享的语言树分支的数量来测算。研究表明，美国电影在海外的票房收入随着经济体间语言距离的下降而增加。

再次，文化距离是文化贸易区别于一般产品贸易的重要因素。Head 和 Ries（1998）认为，包括语言障碍、视觉习惯与风格偏好等在内的文化距离对两国间文化产品的流动具有重要影响。Hofstede（2001）认为，文化距离包括权力距离、对不确定性的规避、个人主义、男性气质、长期倾向五个维度。此后，许多文献利用 Hofstede 提出的文化距离框架来测度国家间的文化差异。Soderstrom（2008）利用引力模型对 2003~2005 年 77 个国家的出口贸易因素进行研究，并基于 Hofstede 文化维度计算出贸易国之间的文化距离。他发现，文化距离和制度距离对贸易具有显著的负向影响，也就是说，文化和制度的相似性将会导致交易简化和交易成本降低，从而增加贸易量。

Tadesse 和 White（2008）研究表明，文化差异完全或部分地对贸易产生负面影响，而移民不仅能够增加母国的文化产品出口，而且能促进非文化产品出口的增加。Tadesse 和 White（2009）进一步检验了移民和文化距离对美国各州与移民母国之间出口的影响程度。他们发现，文化距离和移民对现存贸易水平的抑制或者加强效应比对贸易发生产生的影响更强烈。这两篇文献都没有过多涉及诸如共同语言、殖民关系、国界毗邻、宗教信仰等文化因素，最大的贡献是将移民和文化距离两大重要影响因素引入了文化贸易研究中。White 和 Tadesse（2008）采用世界价值观调查数据和欧洲价值观调查数据，并基于 Inglehart 和 Baker（2000）提出的文化维度量化了文化距离，检验了移民和文化距离对文化产品及其分类产品贸易的影响程度。结果表明，移民通过获得母国的信息从而降低了贸易相关的交易成本，因此能促进文化贸易的发展。文化距离越大，则文化产品贸易量比非文化产品贸易量减少得越多。他们还发现，移民能抵消部分文化距离的抑制作用。

Holloway（2012）利用美国和目的国之间的电影出口类型估计了文化距离（好莱坞距离）。好莱坞距离与地理距离相联系，但与其他文化距离指标不存在相关性。好莱坞距离降低美国和贸易伙伴国的双边贸易量，但增加了文化产品贸易量。他认为，这主要是两种相反力量作用的结果。一方面，文化距离增加交易成本，因为与较低的信任相联系；另一方面，人们有兴趣消费外来的文化产品。

最后，文化贸易壁垒也会对文化贸易产生影响。Marvasti 和 Canterbery（2005）利用引力模型研究了 1991~1995 年美国电影出口的决定因素。研究发现，文化贸易壁垒对美国电影出口的增长及对受征税和补贴政策鼓励的振兴本地电影具有正向影响。Hanson 和 Xiang（2008）利用 Melitz（2003）模型来研究电影产业，改进的模型中包括了一个应用电影在本国流行的双边文化折扣。他们发现，46 个进口国的扩展边际变化很小，主要是因为固定贸易壁垒与其他部门是不同的。Wen 等（2009）从动态角度分析了美国信息产品出口与不同国家知识产权保护差异和模仿威胁度的关系。实证结果表明，进口国知识产品保护强度对贸易具有增强效应。

2.3.3 中国有关文化贸易的研究

有关文化产品贸易的理论和实证研究大多出现在 20 世纪 90 年代后，主要原因是发达国家文化产业的快速发展，以及文化贸易对接受国和来源国都具有重要的意义。对中国文化产品贸易的研究出现在 21 世纪初，2002 年是一个明显的分水岭。在 2002 年前，中国实行的是文化事业体制，对文化产业基本上没有研究，更别提文化贸易的研究。而随着党的十六大做出“深化文化体制改革，发展文化事业和文化产业”的战略部署，中国的研究者才对文化产业产生浓厚的兴趣，并开始逐渐关注文化贸易，主要代表人物有顾江、李怀亮、花建等。

近年来，国内学者研究最多的还是文化贸易的现状，如廖佳音

(2008)、李嘉珊（2008）、刘爽（2009）等。他们一致认为，中国文化产品出口的规模虽然在不断扩大，但仍存在较大的贸易逆差，诸如文化产品出口结构单一、出口渠道相对狭窄、出口平台不完善、人才储备与贸易发展不匹配等问题也是制约中国文化贸易发展的重要因素。部分学者对中国与其他国家的文化产品贸易进行了比较分析。郭新茹、顾江和朱文静(2010）对中韩两国文化贸易的竞争性和互补性进行分析，认为中韩文化贸易在主要出口市场上的竞争性不强，而互补性较强。顾江和朱文静(2012）对中日韩文化贸易的比较表明，中国文化产品贸易竞争力比日本稍具优势，但弱于韩国。

在近期的研究中，学者们还倾向于从文化贸易理论、贸易壁垒、影响因素及文化“走出去”战略等方面来考虑中国文化贸易的发展问题。在文化贸易理论研究方面，侧重于研究传统国际贸易理论对文化贸易的适用性，主要包括李嘉图的比较优势理论、产业内贸易理论、需求偏好相似理论、战略性贸易理论、产业分工理论（李怀亮，2003；霍步刚，2008；张宏伟，2011；赵建军和陈泽亚，2008；刘建华，2012)。但是，这些研究的结果表明，传统国际贸易理论不能很好地解释文化产品的国际贸易。基于此，部分学者开始尝试从文化角度来解释文化贸易。白玲和吕东峰(2001）认为，大卫·李嘉图的比较成本学说和赫克歇尔—俄林的要素比例学说都不能解释文化产品的文化特性，他们从商品的文化价值入手，提出了文化互补理论，并认为不同国家和民族间的文化是不同的，人都是有好奇心与探知欲的，不同国家生产者的文化背景是不一样的，因此，文化差异是国际贸易存在的重要因素。季羡林（2000）提出“文化交流论”，认为文化交流的本质导致不同文化群体对不同文化产生了需求，国家间的文化贸易意味着不同民族、国家的人对不同文化存在需求。

在文化贸易壁垒研究方面，主要包括两个方面：一方面，部分学者研究了其他一些国家所实施的文化贸易壁垒。张斌（2010）较为全面地研究了国际文化贸易壁垒，指出虽然贸易壁垒的种类非常多，但最适用于文化贸易的主要有关税、配额、补贴，这些都会带来经济福利的净损失，其中补贴中的进口替代补贴产生的福利损失比较小。张玉国（2005）对加拿大的文化贸易壁垒进行了分析，认为《加拿大内容要求》规定了主要的文化贸易壁垒，此外还包括促进本土文化产业发展的税收补贴等优惠措施、对外资投资本国文化企业的行为实行限制、对进口文化产品和服务实行内容限制等。邹宇泽（2004）探讨了韩国实施的电影配额制。贾怡然（2009）从文化型壁垒、消费者壁垒、政策法规壁垒、文化强势壁垒、技术和人才壁垒等方面对国际文化贸易中的传播壁垒进行研究。另一方面，还有部分学者探讨了中国如何构建文化贸易壁垒来保护本国的文化产业（付竹和王志恒，2007）。余雄飞（2009）指出，由于文化产品的特殊性，为了保护本国的影视产业避免遭受好莱坞影视的冲击，可借鉴绿色贸易壁垒法律制度建立“文化贸易壁垒”制度。阮婷婷和欧阳有旺（2010）在权衡文化贸易壁垒产生的经济效应和文化效应后，从文化主权安全角度提出推动我国文化贸易壁垒的实施。

此外，还有一些研究从实证角度分析了我国文化贸易的影响因素。赵有广（2007）比较了中美文化产品对外贸易的地域结构差异，指出文化传统意识形态及消费结构差别是导致中美文化产品贸易差异的重要原因。王璐瑶和罗伟（2010）研究了2000~2008年中国与12个国家和地区图书版权贸易赤字的影响因素，指出GDP、对象国人口、地理距离、语言对我国图书版权贸易具有显著影响。曲如晓和韩丽丽（2010）研究了1992~2008年中国与9个国家和地区的双边文化贸易，认为贸易对象国的经济规模、居民购买力、国土面积、科技应用水平及与中国的文化距离等因素与中国文化商品的出口正相关，而贸易对象国的贸易条件及与中国的地理距离则与中国文化商品的出口规模负相关。方慧和尚雅楠（2012）利用动态钻石模型研究我国文化贸易，认为固定资产投资额、人均GDP和宽带普及率是促进我国文化贸易的重要因素。臧新、林竹和邵军（2012）的研究表明，我国及贸易对象国的GDP、人均GDP、文化距离、语言同一性、贸易条件等因素对我国文化产品出口有着重要影响，其中文化距离及是否使用同一种语言这两个因素的影响最大。曹麦和苗莉青（2013a）研究了文化距离、制度距离对中国文化服务出口的影响，认为文化距离对中国文化服务的出口有显著影响，而制度距离对中国文化服务出口有正向影响，但影响不显著。曹麦和苗莉青（2013b）研究了2002~2010年我国对30个国家和地区的艺术品出口，认为文化距离对艺术品出口有显著的负向影响，制度距离对艺术品出口有显著的正向影响，而地理距离的影响不显著。此外，还有部分学者采用定性方法研究了中国文化贸易发展的影响因素（王海文，

2010；杨磊，2013）。

胡惠林（2004）最早提出了中国文化“走出去”战略。他指出，必须在全球化背景下考虑中国文化产业的发展道路和发展模式，重建我国文化对外贸易的政策系统和法律系统，实现文化产业的“走出去”。花建（2005）指出，大力发展对外文化贸易已成为中国增强文化实力和国际竞争力的一个战略突破口。此外，还有部分学者探讨了中国文化产业“走出去”的策略和模式（张凤琦，2006；杨吉华，2008；齐勇锋和蒋多，2010；卫志民，2013；闫玉刚和李怀亮，2010）。他们认为，要通过政策扶持、文化创新和资源整合等方式，推动文化“走出去”取得更大发展。高颖飞（2011）指出，要扩大文化产品出口就必须深化文化管理体制改革，完善文化产业发展和鼓励文化产品出口的政策法规，广开融资渠道，打造具有民族特色的高端品牌，培养造就高素质的人才队伍。赵有广和盛蓓蓓（2008）认为，我国文化产业外向国际化发展的方式和途径有直接出口、大力拓展文化服务贸易的空间、开展国际合作借渠道出海、对外直接投资和委托国际代理等。

2.3.4　对相关文献的总结性评述

通过上述文献回顾可以看出，现有国外研究对文化贸易的关注主要集中于是否需要对文化产品贸易采取保护及文化产品贸易的影响因素两方面。对于文化贸易理论，虽然国外文化产业和文化贸易发展起步较早，但至今未形成完善的理论体系。大多数理论模型分析美国文化产业在全球文化市场中占主导地位的情况下，文化贸易对文化多样性的影响。在实证方面，国外主要研究视听产业，比如音乐、电影等，但是，这种情况与中国文化产业发展实际不相一致，因此，需要根据中国文化产业发展实际来研究中国文化贸易问题。

从国内研究文献看，我国学者对文化贸易问题的研究起步较晚，虽然取得一定的成果，并且也从多个方面对文化贸易问题进行了探讨，但是现有文献还存在以下几方面的不足：

第一，国内学者对中国文化产品贸易在给定时点上的横向比较关注较多，而对时间维度的纵向演变关注较少。这里的横向比较指的是对中国和其他国家，以及中国文化产品出口类型的差异进行比较。相比较而言，中国学者在文化贸易纵向演变上的研究比较少，主要可能是因为文化产品的国际贸易发展时间较短，相关统计数据相对缺乏。

第二，国内学者对中国的实证分析主要是利用传统的国际贸易理论结合中国的数据进行实证分析，在理论分析上未实现大的突破。现有国内研究较多的是运用传统国际贸易理论来验证其在文化贸易领域的适用性，而没有针对文化产品的特殊性发展出适合文化贸易的理论体系，也较少从文化经济学角度来解释文化产品国际贸易。

第三，国内学者虽然探讨了多种因素对中国文化产品出口贸易的影响，但是仍然存在两个问题：一方面，现有文献没有细致地分析这些因素的影响作用机理，并且在研究相关因素时，更多的是从中国国内的供给层面出发，缺乏对影响进口国的需求因素的考虑；另一方面，国内学者对文化产品国际贸易影响因素的探讨都是集中在宏观层面，缺乏从微观视角分析中国文化贸易演变的成因。基于以上两方面的不足，本书对现有研究进行了改进。

第四，由于国内文化产业发展处于起步阶段，还没有建立起完善的学科体系，现有学者大多来自各个研究领域，因此，在研究方法上，更多的是采用定性分析和描述性统计分析。并且在已有的实证文献中，大多数是运用较为普通的计量方法完成的，缺乏规范的计量分析，这也是本书的一大改进之处。

03

国际文化贸易制度环境

美国借助经济全球化和发达的文化产业，形成了以其价值观为主导的文化全球化。在此背景下，许多国家宣称来自国外的文化产品威胁到了本国的文化主权和文化存在，纷纷采取文化保护主义政策和建立防范机制。考虑到国际文化贸易所具有的复杂性，本章将基于文化贸易保护视角从三个层面来分析国际文化贸易发展环境。首先，从法律角度考察全球范围内的文化贸易政策与规则；其次，从经济角度分析世界各国的主要文化贸易壁垒形式，并探讨文化贸易壁垒对进口国社会福利的影响；最后，从社会角度分析主要国家居民对文化贸易保护的支持态度，并对国家间差异性进行比较分析。

3.1 国际文化贸易政策与规则

如何对待文化和贸易的关系成为当前全球经济关系中备受争论的重要问题之一。以美国为代表的少数国家认为，文化部门作为经济部门之一，应与其他经济部门一样实行贸易自由化。而以法国和加拿大为代表的大多数国家则认为，文化产品和服务不仅是一种商品，还承载着符号价值，具有经济和文化的双重属性，涉及地区的同一性。法国和加拿大等国率先提出了“文化例外”，并认为文化应该从经济自由化中豁免或者制定特殊的规则。

针对文化和贸易的冲突及文化产品的特殊性，目前已经形成了 WTO 多边制度、双边和区域特惠贸易协议和 UNESCO 提出的文化多样性公约等文化协调政策及相关贸易规则（Lelio，2014）。从国际社会来看，与文化贸易相关的规则主要体现为 WTO 多边贸易制度和 UNESCO 的保护文化多样性的相关规则，双边和区域特惠贸易协议则更多地涉及区域间的文化贸

易。对此，本章重点考虑WTO多边贸易制度和UNESCO关于保护文化多样性的相关规则对文化贸易的具体规定。

在WTO贸易体系下，文化产品和服务的国际贸易规则体现在不同贸易协定中。关税及贸易总协定（GATT1994）是第一个调整产品贸易的多边协议，成员国从最初的23个增加到目前的100多个国家，部分条款涉及文化产品贸易。而文化服务贸易不能完全从文化产品贸易中分离出来，因此，考虑服务贸易总协定（GATS）对文化服务的相关协议。作为知识密集型的文化产业，文化产品和服务需要知识产权保护，与贸易相关的知识产权协议（TRIPS）在协调不同国家法律对知识产权保护程度的差异方面具有重要作用。此外，其他一系列WTO协定对文化贸易具有潜在的影响，如WTO补贴与反补贴协议、反倾销协议、保障措施协议、与贸易相关的投资措施协议等[①]。

3.1.1 关税及贸易总协定

视听部门是GATT1994中唯一直接针对文化产品待遇的条款。GATT1994第4条有关电影的特殊规定最初出现在《哈瓦那宪章》第19条中。[②] 第二次世界大战后，在意识到国内电影生产者获得足够银幕时间来放映本国电影的困难后，GATT创建者决定保持银幕配额存在的延续性（Zampetti，2003）。GATT在第3条国内税和国内规章的国民待遇中，在严格的国民待遇中唯一地豁免了电影。这是对文化产业重要部门——电影的特殊待遇，可以理解为国际贸易制度对文化特殊性的正式承认。

GATT第4条第一句内容为："缔约国在建立或维持有关电影片的国内数量限制条例时，应采取符合以下要求的放映限额办法。"[③] 这表明，在特定条件下，GATT允许成员国对电影放映实施银幕配额，构成了电影享有国民待遇原则之例外。虽然国民待遇是GATT的核心原则，但GATT第3条第10款规定："本条规定不妨碍缔约国建立或者维持符合本协定第4条

---

① 对这些协议的相关研究可以参考Zampetti（2005）、Grasstek（2006）和Voon（2007）。

② 关于《哈瓦那宪章》第19条的详细论述可以参考：马冉．GATT1994文化贸易产品待遇条款评析［J］．世界贸易组织动态与研究：上海对外贸易学院学报，2010（4）：21-27。

③ 资料来源：GATT1994。

要求的有关电影片的国内数量限制条例。”[①] GATT 第 4 条允许成员国施加某种规则来保护本国电影产业，但这种规制措施只能采取银幕配额的形式，其他相关措施，如进口限制等都不在允许范围之内。同时，GATT 豁免只能应用在电影上，而不能将其扩展到电视、广播及视听产业的其他部门中。

此外，GATT 详细说明了实施银幕配额的要求。“在不短于一年的指定时间内，国产电影片的放映应在各国的电影片商业性放映所实际使用的总时间内占一定最低比例；放映限额应以每年或其相当期间内每一电影院的放映时间作为计算基础。”[②]比如，在一年的时间内，如果电影院放映的总时长为 2000 小时，那么就可以将 50%，即 1000 小时留给本国电影。“除根据放映限额为国产电影片保留的放映时间以外，其他放映时间，不得正式或实际上依照电影片的不同来源进行分配。”[③]这些配额原则上仅可以在外国电影与本国电影间实施差别对待，禁止对外国电影实施优惠待遇。但是，“成员国可以在实施这项办法的国家以外，对某一国家的电影片保留最低比例的放映时间”。[④]最后，“必须通过谈判来确定放映限额的限制、放宽或取消”[⑤]。虽然对银幕配额进行限制、自由化或者取消要求进行谈判，但实际上并没有真正启动过相关谈判。

GATT 第 4 条并没有涉及对进口外国电影放映时间的比例设定问题。理论上讲，成员国本国电影可获得的总放映时间是在完全排除进口电影在本国放映时间后之和。但是，随着时间的推移，世界各国的政治、经济及技术环境与 GATT 制定的初期环境产生了巨大的变化，因此，这种可能性只能是一种假设（Neuwirth，2005）。相对于新的多边贸易秩序，GATT 第 4 条在维护 WTO 成员方文化主权方面的作用逐渐变小，因此，它是在 WTO 保护下的“睡美人”（Neuwirth，2013）。

3.1.2 服务贸易总协定

GATS 是 WTO 体系中首个覆盖服务贸易的多边协定，它的出现意味着服务贸易对世界经济成长和发展的重要性不断增加。GATS 在前言中阐述

---

①②③④⑤ 资料来源：GATT1994。

了基本目标是“建立以扩展服务贸易为目的之服务贸易规则之多边性架构，并借此促进所有贸易伙伴之经济成长及开发中国家之发展”[①]。但是，GATS 并未对服务的概念进行明确的界定，仅在第一条第 2 款中将“服务贸易”分成四种供给模式：跨境供应、境外消费、商业存在、自然人存在。此外，GATS 规定了一般义务和具体承诺义务。最惠国待遇义务和贸易政策透明度属于一般义务，适用于 GATS 成员国各部门，无论这些部门是否开放。具体承诺义务则包括了市场准入和国民待遇。

GATS 与 GATT 存在诸多联系，但也有所区别。GATT 主要是调整货物贸易，而 GATS 主要调整服务贸易。对于文化产业来说，区分影响产品与服务的措施是比较困难的。例如，一部电影如果是以影碟的形式出口，则应当认为是文化产品，但若通过卫星转播方式从一国向另一国发射，则属于文化服务（李洁，2009）。1997 年，WTO 在处理加拿大期刊案时，对于究竟是采用 GATT 还是 GATS 产生了分歧。处理案件的专家组成员认为“期刊作为一种产品由两个部分组成：编辑的内容和广告内容。两个部分都可以具有服务属性，但是它们一起形成了物质产品[②]”。这意味着 GATT 和 GATS 可以共存，而不是相互排斥。

GATS 与文化服务贸易有着密切的联系，尤其是视听服务部门。在 GATS 服务部门分类列表中，视听部门属于通信服务。进一步地，视听服务部门可以细分为六个子类型：电影和录像的制作和发行服务；电影放映服务；广播和电视服务；广播和电视传输服务；录音服务；其它。[③] GATS 在第四部分中阐述了其通过谈判“以达到渐进之更高度自由化”和“尊重个别会员国家政策目标”。[④] 因此，GATS 给予成员国高度的灵活性，但这并不总是有利于增加贸易自由化。GATS 对于视听服务的限制有利于成员国，因而大多数成员方并未对视听部门做出承诺。目前，视听服务部门是 WTO 成员方所做承诺最少的部门，截至 2009 年 1 月 31 日，只有 30 个国

① 资料来源：GATS。

② Appellate Body Report. Canada – Certain Measures Concerning Periodicals, WT/DS31/AB/R (DSR1997: I, 449): 17.

③ 资料来源：http://tradeinservices.mofcom.gov.cn/local/2011-02-17/89207.shtml。

④ 资料来源：GATS, art. XIX: 1, 2。

家做出具体承诺，而且在这些具体承诺中附加了很多限制条件①。基于文化产品的特殊性，加拿大和欧盟反对将视听产业包括在 GATS 中。而美国则认为“文化例外”会导致更为广泛的贸易保护主义，提倡视听部门应实行更加深入的市场自由化。

3.1.3　与贸易相关的知识产权协议

除 GATT1994 和 GATS 以外，TRIPS 与文化贸易也存在较为紧密的联系。TRIPS 协定融合了《伯尔尼公约》《日内瓦公约》和《罗马公约》，其重要性不在于其本身的法律条款，而是将知识产权融入到自由贸易规则下的世界贸易制度中（Lorimer，1996）。TRIPS 第 9 条要求 WTO 成员方遵守伯尔尼公约（1971）第 1~21 条及其附录，这些条款定义了“文学和艺术作品”的保护范围，其中包括书籍、音乐戏剧或者电影作品及作者享有专有权利的作品等。同时，版权与文化产品相关主要是基于版权保护范围和文化产业定义之间的交叉和重叠。大量相关的内容，如版权及邻接权、外观设计等无论根据何种标准划分都与文化产品和服务密不可分，因此，WTO 各成员对知识产权保护所做出的具体承诺将毫无疑问地适用于与文化相关的知识产权产品和产业（刘鹏飞，2009）。不同于 GATT1994 和 GATS 注重产品和服务贸易中的文化和贸易问题，TRIPS 更注重文化多样性。

TRIPS 协议第 12 条明确了每件作品的保护期不是按照自然人的寿命来计算，与《伯尔尼公约》不同的是，TRIPS 协议扩展了对法人版权的保护。第 13 条阐明了成员国的义务：“对独占权的限制或豁免局限于一定的特殊情况之下，这样的情况和作品的正常利用不相冲突，并且也不会不合理地损害权利所有人的合法利益。”② 第 14 条则列出了成员国对表演者、录音制品制作者和广播制作者的保护义务，涉及版权持有者的权利，主要是禁止录制、对录制品的复制、通过无线广播手段重新播放，以及通过电视播放将未授权的内容传送给公众③。第 40 条是对许可合同限制竞争行为

① 资料来源：http：//www. wto. org/english/tratop_ e/serv_ e/audiovisual_ e/audiovisual_ e. htm。

②③ 资料来源：TRIPS。

的控制问题[1]，某些与知识产权有关的限制竞争行为处于贸易和竞争法律关系的核心。知识产权保护、贸易和竞争法律的关系源于许可在知识产权产品收益来源中占据核心地位。

然而，TRIPS 协议也具有一定的局限性。例如，对于文化产业反竞争行为，TRIPS 协议只承认“某些与知识产权有关的限制竞争的许可行为或许可条件可能对贸易产生相反的作用，并且可能妨碍技术的转让和传播”[2]。这就给各个国家立法者留下了许多自由发挥的空间。数字化还改变了 TRIPS 对文化产品的影响力。电子化形式简化了电影盗版的创造过程，使版权价值降低。但是，Voon（2007）认为，文化产品版权变得过于强大，威胁到了文化多样性，特别是文化产品版权集中在少数人手中。

3.1.4 文化多样性公约

2005 年，第 33 届 UNESCO 大会以 148 票赞成的绝对多数通过了《保护和促进文化表现形式多样性公约》。该公约承认了文化活动、产品与服务具有经济和文化双重性质，以及各国拥有在其领土上维持、采取和实施合适的保护和促进文化表现形式多样性的政策和措施的主权（UNESCO，2005）。《文化多样性公约》的签订不仅填补了现存国际公法有关文化客体的空白，而且还作为未来贸易和文化方面的冲突实现与 WTO 的平衡（Graber，2006）。公约支持者主要是那些强烈反对将文化产品包括在 WTO 体系中的国家，包括加拿大和欧盟等。而作为全球文化贸易大国的美国强烈反对公约，其主要站在试图解决文化和贸易困境的文化制度的对立面。

在《文化多样性公约》中，成员国的权利和义务主要体现在第 4 章第 5~19 条中。公约中的权利和义务是谈判过程中争论最为激烈的议题。目前，主要的权利和义务可以分成三个部分：首先，第 5 条和第 6 条强调成员国拥有制定和实施文化政策的主权。第 5 条规定了权利和义务的一般规则，第 6 条是在成员国境内保护和促进文化表现形式的多样性所能采取的措施。其次，第 7~11 条是成员国在境内促进文化表现形式的激励。但是，这些条款不是具有约束力的义务。公约规定只有在确定其领土上属于面临

---

①② 资料来源：TRIPS。

消亡危险、受到严重威胁或是需要紧急保护的文化表现形式，才可以采取相应措施。最后，第12~19条解决了创造有利于促进文化表现形式多样性的条件双边、区域和国际合作问题。这些条款包括了对发展中国家的优惠待遇及文化多样性国际基金的建立。

保护和促进文化表现形式多样性的措施与WTO协议存在冲突之处。例如，第6条第3款提出："为国内独立的文化产业和非正规产业部门活动能有效获取生产、传播和销售文化活动、产品与服务的手段采取的措施。"[①] 毫无疑问，这涉及文化贸易，为国内产业提供支持的措施很可能会因为违反国民待遇原则而引发纠纷。第6条第4款规定："提供公共财政资助的措施"，按照《补贴与反补贴措施协议》对于补贴的界定，则属于违反其相关的规定。此外，第8条规定可以通过公约允许的方式，采取一切恰当的措施保护属于面临消亡危险、受到严重威胁或是需要紧急保护的文化表现形式。这为成员国保护本国文化产业提供了有力的武器。

事实上，由于缺乏可实施的义务和可供成员国选择的争端处理机制，该公约只具有宣言性质（Iapadre，2014）。同时，文化多样性公约没有厘清与其他国际协定的关系，只在第20条中说明了与其他条约的关系为"相互支持，互为补充和不隶属"。虽然文化多样性公约没有建立起一个关于文化政策国际法律可信的来源，但是，这也迫使某些文化大国在强调自由贸易并依仗其强大的经济和政治实力要求他国放松文化产品和服务贸易的时候，不得不考虑其他国家所采取的文化措施的合理性（刘鹏飞，2009）。

3.2 文化贸易壁垒

3.2.1 文化贸易壁垒主要形式

全球化的深入发展，在为世界各国带来巨大经济利益的同时，也威胁

① 资料来源：http://unesdoc.unesco.org/images/0014/001429/142919c.pdf。《保护和促进文化表现形式的多样性公约》第6条。

到各个国家的民族认同。全球文化产业的快速发展，以及文化产品和服务贸易规模的迅速扩大，都使各国对于文化认同消失的争论在持续不断地进行（Bekkali，2007）。无论是世界贸易组织相关贸易协定涉及的“文化例外”，还是 UNESCO 提出的文化多样性，都表明如何平衡经济一体化程度加深和民族认同感下降的关系已经成为文化和贸易争论的核心问题。大多数国家都在利用 GATT 和 GATS 中“文化例外”条款及《文化多样性公约》中相关条款来处理经济一体化过程中的文化“外部性”，寻求建立起文化保护政策和防范机制。而只有小部分国家，如美国，较少采用文化贸易保护政策和措施。

目前，文化贸易壁垒主要包括关税、数量限制、知识产权缺失、视频征税、补贴及服务壁垒（如印刷和复印等）（见表 3-1）。在欧洲、北美、南美、中东、亚洲和其他地区中，文化贸易壁垒程度最高的是北美地区（除美国外），其次为欧洲，紧随其后的是亚洲、南美及中东地区。而文化贸易壁垒程度最低的其他地区主要包括新西兰、南非和澳大利亚等国。

表 3-1　世界主要国家（地区）文化贸易壁垒

区域	国家（地区）	关税	数量限制	知识产权缺失	视频征税	补贴	服务壁垒	TBN
欧洲	比利时	0	0	1	1	1	0	3
	法国	0	1	1	1	1	1	5
	德国	0	0	1	1	1	0	3
	意大利	0	1	1	0	1	1	4
	荷兰	0	0	1	1	1	0	3
	挪威	0	0	0	1	1	1	3
	西班牙	0	1	1	1	0	1	4
	瑞典	0	0	1	1	0	0	2
	瑞士	0	1	1	1	1	0	4
	英国	0	1	1	1	0	0	2
	组内平均	0.00	0.50	0.90	0.80	0.70	0.40	3.30

续表

区域	国家（地区）	关税	数量限制	知识产权缺失	视频征税	补贴	服务壁垒	TBN
北美	加拿大	0	1	1	0	1	1	4
	墨西哥	1	1	1	0	0	1	4
	组内平均	0.50	1.00	1.00	0.00	0.50	1.00	4.00
南美和哥伦比亚	阿根廷	0	1	1	0	1	1	4
	百慕大	0	0	0	0	0	0	0
	比利时	1	1	1	0	0	1	4
	智利	0	0	1	0	0	0	1
	委内瑞拉	0	1	1	0	0	0	2
	组内平均	0.20	0.60	0.80	0.00	0.20	0.40	1.80
中东	以色列	0	0	1	0	0	0	1
	阿拉伯半岛	0	1	1	0	0	0	2
	组内平均	0.00	0.50	1.00	0.00	0.00	0.00	1.50
亚洲	中国内地	0	1	1	0	0	0	2
	中国香港	0	0	1	0	0	0	1
	印度	0	1	1	0	1	0	3
	印度尼西亚	1	1	1	0	0	1	4
	日本	0	0	1	0	0	0	1
	韩国	1	1	1	0	0	0	3
	马来西亚	0	1	1	0	0	0	2
	菲律宾	0	1	1	0	0	0	2
	新加坡	0	1	0	0	0	0	1
	中国台湾	0	0	1	0	0	0	1
	泰国	0	0	1	0	0	0	1
	组内平均	0.27	0.64	0.91	0.00	0.09	0.09	2.00

续表

区域	国家（地区）	关税	数量限制	知识产权缺失	视频征税	补贴	服务壁垒	TBN
其他地区	新西兰	0	0	0	0	0	0	0
	南非	0	0	1	0	1	0	2
	澳大利亚	0	1	1	0	0	0	2
	组内平均	0.00	0.33	0.67	0.00	0.33	0.00	1.33

资料来源：Marvasti 和 Canterbery（2006）；1 代表存在贸易壁垒，0 代表不存在贸易壁垒。

不同国家（地区）所采取的文化贸易壁垒形式和程度具有较大差异性。欧洲国家采取的文化贸易壁垒形式主要有知识产权缺乏、对视频征税及补贴，而对关税、数量限制及服务壁垒等应用较少。法国是欧洲地区对文化内容实施保护最为活跃的国家，采取了除关税以外的其余五种壁垒。法国规定在收音机里播放的所有歌曲中，至少 40%应该是法国本国的歌曲。① 意大利、西班牙和瑞士等国紧随其后，主要的规制措施有数量限制、知识产权缺乏、补贴、服务壁垒等。比利时、德国、荷兰、挪威等国实施文化贸易壁垒的强度相对较低，主要是知识产权缺失、视频征税和补贴。瑞典和英国的文化贸易壁垒主要体现为知识产权缺乏和视频征税，整体上来说，贸易保护强度较低。从欧洲各国采取的保护行为来看，强烈支持“文化例外”和文化多样性的国家对文化产业的贸易保护强度较高。

北美地区的加拿大和墨西哥对本国文化产业保护的强度基本上保持一致，但实施的文化贸易壁垒类型稍微有些差别。两国都采取数量限制、知识产权缺失及服务壁垒等规制措施，而墨西哥增加了关税壁垒，加拿大则用补贴替代了关税壁垒。在加拿大，规制措施要求电台每周播放的流行音乐至少 35%必须是加拿大生产的；对于电视，加拿大要求更为严格，要求必须有 60%以上的节目来源于本土②。

在南美和哥伦比亚地区中，数量限制和知识产权缺乏应用较为普遍。

① Minister Toubon was nicknamed Mr. Allgood after he imposed his cultural policy (The Economist, 1996).

② Canadian Broadcasting Act, R. S. C., 1991, c. 11, Article 10. 1.

阿根廷和比利时实施的贸易壁垒数量相同，都采取了数量限制、知识产权缺失、服务壁垒等形式，但是阿根廷还采取了补贴，而比利时则以关税作为替代。在南美和哥伦比亚地区中，对视频征税这一壁垒形式基本不存在。

中东地区的文化贸易壁垒比较弱，主要是知识产权缺失，其他的只有阿拉伯半岛对文化贸易实施数量限制。

对于亚洲国家和地区而言，文化贸易壁垒形式与其余地区存在较大的差别。知识产权缺失、数量限制和关税是亚洲国家的主要贸易壁垒形式，而视频征税、补贴及服务壁垒则没有被任何一个亚洲国家采用。新加坡是亚洲唯一一个在知识产权保护方面做得比较好的国家，因而知识产权缺失这一壁垒在新加坡不存在。印度尼西亚是亚洲地区实施文化贸易壁垒强度最大的国家，其次是印度和韩国。中国、印度、印度尼西亚、韩国、菲律宾、新加坡等国都实施了数量限制这一贸易壁垒，而只有印度尼西亚和韩国采用关税壁垒。在中国，数量限制限定了西方电影的进口数量；在印度，严格的数量限制限定电影进口（Marvasti & Canterbery，2006）。在韩国，立法者通过法律限制外国文化内容的进口[①]。

在其他地区的几个国家中，南非和澳大利亚的知识产权保护缺乏也广泛存在，但是南非国家对文化产品采取补贴行为，而澳大利亚则采取了数量限制措施。值得一提的是，新西兰基本上不实施任何的文化贸易保持措施。综上可以看出，除知识产权缺失以外，各国实施的文化贸易壁垒最主要的是数量限制，因而数量限制在全球文化贸易规制措施中具有重要的地位。

根据 Marvasti 和 Canterbery（2006），本书进一步将以上国家划分为发达国家和欠发达国家，以及英语国家和非英语国家两种类型的群体。总体上看，发达国家的文化贸易壁垒程度要比欠发达国家的高。知识产权缺失，也即盗版问题是发达国家和欠发达国家的共同问题。除此之外，数量限制、补贴和服务壁垒在发达国家和欠发达国家中都存在，但数量限制在欠发达国家中的使用频率更高，而补贴在发达国家中更为流行，服务壁垒也主要存在于发达国家经济体中。值得注意的是，欠发达国家中存在关税

① Article 71 (1) of the Republic of South Korea's Broadcasting Act.

壁垒，但是发达国家对于文化贸易基本上不使用任何的关税壁垒。

从英语国家和非英语国家来看，非英语国家的文化贸易壁垒程度明显要比英语国家高。数量限制、知识产权缺乏、视频征税、补贴及服务壁垒在两个群体中都存在，并且非英语国家的数量限制、知识产权缺乏、视频征税、补贴及服务壁垒都要显著地高于英语国家。此外，只有非英语国家实施了关税壁垒。

表 3-2 所示为不同群体国家贸易壁垒均值。

表 3-2　不同群体国家贸易壁垒均值

类型	关税	数量限制	知识产权缺失	视频征税	补贴	服务壁垒	TBN
发达国家	0. 00	0. 47	0. 87	0. 53	0. 53	0. 33	2. 73
欠发达国家	0. 28	0. 67	0. 89	0. 00	0. 22	0. 22	2. 33
英语国家	0. 00	0. 38	0. 63	0. 63	0. 13	0. 13	1. 5
非英语国家	0. 20	0. 64	0. 96	0. 96	0. 32	0. 32	2. 84

资料来源：Marvasti 和 Canterbery（2006）；发达国家包括 15 个，欠发达国家包括 18 个；英语国家共有 8 个，非英语国家共有 25 个。如果一个国家有 50%以上的人口使用英语，则将其归为英语国家，否则归为非英语国家。

3. 2. 2　文化贸易壁垒经济效应

在上文中，关税、数量限制、知识产权缺乏、视频征税、补贴和服务壁垒等贸易壁垒在各国保护本国文化产业中都存在。这些贸易政策的实施主要是为了限制进口国外文化产品的数量。为分析文化贸易壁垒对进口国的经济效应，本书考虑数量限制这一壁垒形式，因为数量限制是世界各个国家运用较为广泛的文化贸易壁垒形式。在参考 Conconi 和 Pauwelyn（2011）研究的基础上，本书考虑数量限制对进口小国和进口大国的经济影响效应。

3. 2. 2. 1　进口小国的经济效应分析

考虑一个进口小国。根据经济学基本假定，小国是世界市场价格的接受者，而不是价格的决定者，因此，小国进口文化产品数量的变化不会对国际市场价格产生影响。自由贸易条件下小国的文化产品价格等于世界价格 P^*。在该价格下，进口国的国内市场需求为 D^*，国内市场供给为 S^*，文化产品进口数量为 D^*-S^*。

当进口国决定保护本国文化产业，以及本土文化不被外来文化所同化时，对国外文化产品进口实施数量限制，并将进口数量限制在 Q。在这一贸易政策下，文化产品的进口数量要显著低于自由贸易条件下的进口数量。图 3-1 反映了进口国实施文化产品数量限制时对进口国产品价格和需求的影响。进口数量的减少降低了国内文化产品的市场供给，提高了国内文化产品的市场价格。在这一新均衡条件中，进口国的国内市场价格达到 P_Q，进口需求等于配额值 Q，即 $Q=D_Q-S_Q$。由于该国是一个小国，因此，进口需求的下降不会对世界价格产生影响，世界价格依然保持在 P^*。

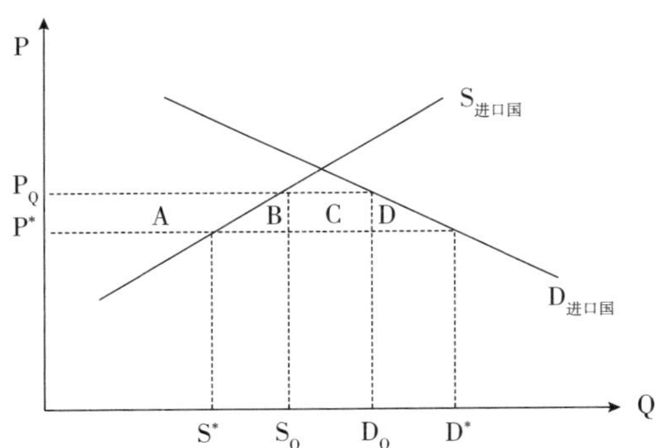

图 3-1 进口配额对进口小国市场的影响

相比于自由贸易，在进口国实施数量限制后，进口国的进口数量下降。消费者剩余将减少 A+B+C+D，生产者剩余将增加 A。在图 3-1 中，C 为配额租金，即面积 $(P_Q-P^*)\times(D_Q-S_Q)$，最终由进口国中被允许进口和分配国外文化产品的企业所获得。因此，在实施配额后，该进口国的社会福利将损失 B+D。

3.2.2.2 进口大国的经济效应分析

上述分析考虑了作为世界价格接受者的小国在实施数量限制后的经济效应。进一步地，本部分考虑进口量变化对国际市场价格产生影响的大国

经济效应。

假定世界上存在两个国家 I 和 E，其中 I 是文化产品进口大国，E 是文化产品出口国（见图 3-2）。在自由贸易条件下，文化产品的国际市场均衡价格为 P^*，进口国 I 的额外需求等于出口国 E 的额外供给：

$$D^I_{P*} - S^I_{P*} = S^E_{P*} - D^E_{P*} \tag{3-1}$$

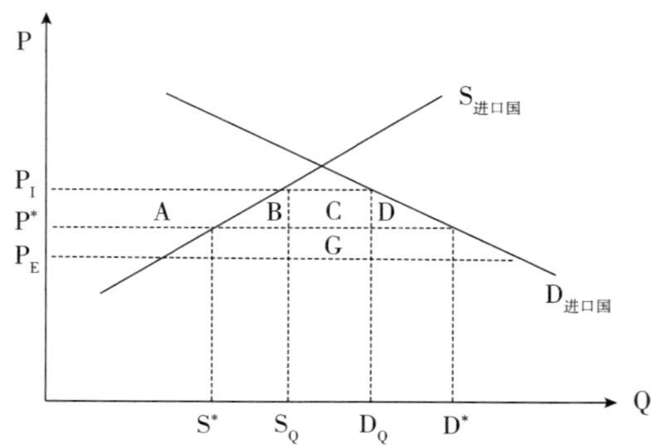

图 3-2　进口配额对进口大国市场的影响

假设进口国采取进口数量限制，只允许从出口国 E 进口数量为 Q 的文化产品，结果导致进口国市场上的文化产品总供给下降。如果进口国文化产品的市场价格依然保持在 P^*，那么将会对这些产品产生额外需求。额外需求的增加将引致价格上涨。反过来，这将会使本国需求下降。

由于进口国 I 是进口大国，文化产品需求的下降将引起出口国 E 在 P^* 上的超额供给，导致其国内价格下降。出口国国内价格下降将会增加国内市场需求，导致出口国出口供给的减少。进口国价格上升的水平会在进口需求等于配额水平。出口国的价格将下降，直到出口供给等于数量限制水平。在满足以下两个条件时，新的均衡将达成：

$$D^I(p^I_Q) - S^I(p^I_Q) = Q \tag{3-2}$$

$$S^E(p^E_Q) - D^E(p^E_Q) = Q \tag{3-3}$$

其中，p^I_Q 表示进口国在实施数量限制后的价格，p^E_Q 表示出口国在进口国实施数量限制后的价格。

在进口国中，消费者福利损失为 A+B+C+D，生产者的福利增加 A。而配额租金将变为 C+G，由进口国中那些被允许销售国外文化产品的企业或者个人所获得，并且所获得的配额租金比小国要大。整个社会福利变化为G-(B+D)。如果G足够大，那么在实施配额后，进口国的社会福利将增加。

3.3 文化贸易保护态度

前两节分别从法律和经济两个层面分析了在文化全球化下的国际文化贸易体制和政策及文化贸易壁垒的主要形式。本节进一步从社会学视角探讨世界主要国家的居民在多大程度上倾向于保护本国文化产业，也就是支持国家实施文化贸易保护，同时关注居民文化贸易保护态度在国家间的差异。

3.3.1 主要国家文化贸易保护态度

国际社会调查项目（ISSP）的民族认同第二次问卷调查数据（National Identity Ⅱ）[①] 为本节的研究提供了独一无二的机会。国际社会调查项目长期致力于对各国社会态度的研究。民族认同调查问卷对受访者提出了种类繁多的问题，包括贸易偏好、移民、爱国主义，以及人口统计学和社会经济相关信息，如年龄、性别、教育、宗教信仰等。该数据集总共包括了34个国家多达45993位受访者，基本上覆盖全球五大洲。虽然ISSP在1995年曾经进行过第一次调查，但是很多问题在第一次中并没有涉及，因而无法对不同时间同一国家文化贸易保护态度的演变进行比较。

在ISSP调查问卷中，涉及国家文化贸易保护主义态度的问题主要有两个：

（1）受访者在多大程度上同意“本国的电视要比电影和广播节目更受偏爱”。

（2）受访者在多大程度上同意“外国电影和书籍引入的不断增加破坏

① 资料来源：International Social Survey Programme：National Identity Ⅱ - ISSP 2003（2003 - 2005）. TNS Opinion & Social，Brussels [Producer]. GESIS Data Archive，Cologne. ZA3910 data file version 2.1.0，doi：10.4232/1.11449.

了本国和地方文化”。

每个问题都设置了五个选项，分别是强烈同意、同意、既不同意也不反对、反对和强烈反对。为更好地反映本节研究的需要，将强烈同意和同意合并成支持，将既不同意也不反对归为中性，将反对和强烈反对合并为不支持，最后计算出两个问题的平均值。虽然第一个问题更加强调对本国文化产品的偏好，但根据消费者民族优越感理论，如果喜欢本国商品超过外国商品，那么该国就应该限制国外产品进口或对国外商品征收重税（Shimp & Sharma，1987），这也能够反映出对于产品贸易保护的态度。

在剔除信息不完善的数据后，总共得到 31 个国家的 37798 个观测值。表 3-3 报告了 31 个国家居民对于文化贸易保护的支持情况。从中可以看出，绝大多数国家的受访人数保持在 1000 人以上。较大的样本量能够比较客观、合理地反映出这些国家居民对于文化贸易保护的态度。表 3-3 还根据 31 个国家居民对于文化贸易保护支持的比例进行排序，并将 31 个国家分成较低、中等和较高三个层次。

表 3-3 支持文化贸易保护态度的描述性统计分析

国家或地区		ISO2 代码	观测值	支持（%）	不支持（%）	中性（%）
较低	美国	US	1175	14.4	63.7	21.9
	瑞典	SE	1068	15.8	59	25.2
	芬兰	FI	1213	17.1	59.1	23.8
	瑞士	CH	968	17.4	71.4	11.3
	荷兰	NL	1632	17.4	62.6	20
	挪威	NO	1327	19.2	57.1	23.7
	加拿大	CA	1155	19.6	60.2	20.3
	澳大利亚	AU	1992	23.6	55	21.4
	英国	GB	771	25.8	50.1	24.1
	日本	JP	960	26.3	48.9	24.9
	丹麦	DK	1214	27.8	55.2	17.1
	德国	DE	1192	28.3	49.9	21.8

续表

国家或地区		ISO2 代码	观测值	支持（%）	不支持（%）	中性（%）
中等	奥地利	AT	949	30.8	17.9	51.3
	波兰	PL	1135	36.7	42.4	21
	以色列	IL	1099	37.2	45.4	17.4
	法国	FR	1377	41.5	38.3	20.2
	斯洛文尼亚	SI	1044	41.6	38.7	19.7
	爱尔兰	IL	997	41.7	47.8	10.4
	西班牙	ES	1119	42.5	32.1	25.4
	韩国	KR	1289	47.1	30.3	22.7
	菲律宾	PH	1174	47.7	27.7	24.6
较高	斯洛伐克	SK	1111	52.7	22.8	24.6
	匈牙利	HU	931	53.7	24.3	22
	捷克	CZ	1036	54.4	23.8	21.8
	拉脱维亚	LV	975	54.7	23.9	21.4
	乌拉圭	UY	1062	55.6	30.4	14
	葡萄牙	PT	1370	56.8	25.9	17.3
	南非	ZA	1983	59.2	24.4	16.4
	保加利亚	BG	895	59.8	25.4	14.9
	智利	CL	1361	61.2	17.9	20.9
	俄罗斯	RU	2224	72.8	14.5	12.7

资料来源：ISSP，经过笔者整理和计算，根据支持比例大小进行排序。

从支持比例较低层次看，美国（14.4）、瑞典（15.8）、芬兰（17.1）、瑞士（17.4）、荷兰（17.4）、挪威（19.2）、加拿大（19.6）、澳大利亚（23.6）、英国（25.8）、日本（26.3）、丹麦（27.8）和德国（28.3）居民对文化贸易保护的支持比例全部处于30%以下。由此说明，这些国家居民对文化贸易保护行为的支持程度比较低，他们更希望进口国外文化产品，以满足多样性文化产品的消费需求。

从中等支持程度层次看，奥地利（30.8）、波兰（36.7）、以色列

(37.2)、法国(41.5)、斯洛文尼亚(41.6)、爱尔兰(41.7)、西班牙(42.5)、韩国(47.1)和菲律宾(47.7)居民对文化贸易保护的支持比例处于30%~50%。在这些国家中,支持比例相对较低的还是欧洲地区的奥地利、波兰、以色列和法国,而菲律宾和韩国等亚洲国家的支持比例保持在一个较高的水平。

从较高支持程度层次看,斯洛伐克(52.7)、匈牙利(53.7)、捷克(54.4)、拉脱维亚(54.7)、乌拉圭(55.6)、葡萄牙(56.8)、南非(59.2)、保加利亚(59.8)、智利(61.2)和俄罗斯(72.8)居民对文化贸易保护持支持观点的比例超过50%。此外,从中还可以明显看出,美国居民和俄罗斯居民对于文化贸易保护的态度完全相反,美国是所有样本国家中支持文化贸易保护比例最低的国家,而俄罗斯则是支持文化贸易保护比例最高的国家。

3.3.2 文化贸易保护态度差异的国家特征

进一步地,本节从三个角度探讨文化贸易保护态度支持差异的国家特征。首先,分析一国经济发展水平对居民文化贸易保护态度的影响。我们采用人均国民总收入(GNI)作为居民平均收入水平的指标,反映一国的经济发展水平。图3-3描述了各国人均GNI和文化贸易保护支持比例的关系。从图中可以明显地看出,两者呈现出显著的负相关。也就是说,经济发展水平越高的国家,人们越倾向于国内的文化市场对外开放;反之,经济发展水平越低的国家,人们越倾向于支持国家采取文化贸易保护政策,减少对国外文化产品的进口数量。

对于这种现象,可以从两个层面来进行解释:从需求层面看,根据马斯洛需求层次理论,只有当人们最低生存、生理需求得到满足后,才会产生对精神、文化等更高层次的需求。因此,经济发展水平越高或者越富裕的国家,其居民对文化产品就会产生越多的消费需求,并且对于文化产品多样化程度的要求越高,从而更少地支持国家采取文化贸易保护政策。从供给层面看,人均GNI越高的国家,产业内贸易所占的比例就越大。根据新贸易理论,产业内贸易越高,一国居民对自由贸易的支持越高。因此,越富有的国家更多的是产业内贸易,使人均GNI与贸易保护主义观点呈负相关关系。

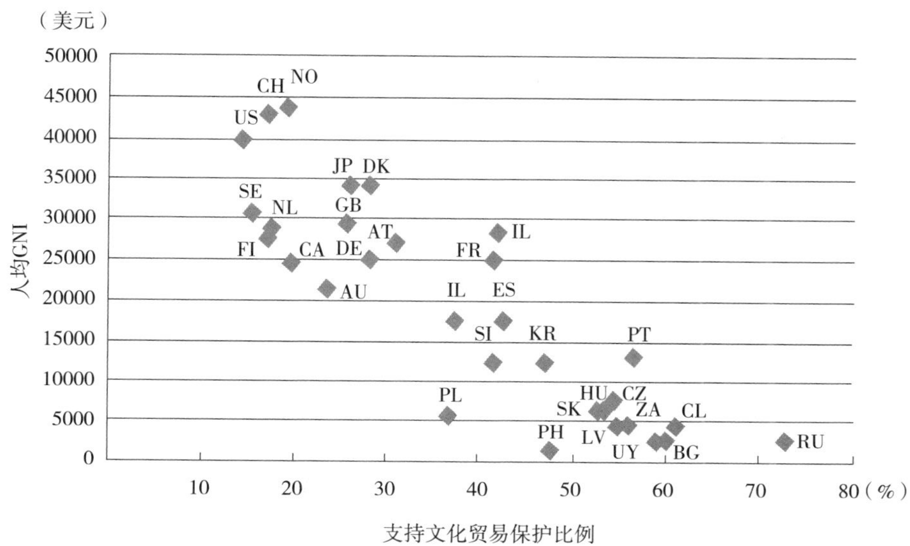

图 3-3 支持文化贸易保护比例与人均 GNI 的关系

资料来源：人均 GNI 数据来源于世界银行数据库；人均 GNI 按照 Atals 法衡量的美元现价。

其次，考虑文化创意产品进口贸易额对文化贸易保护观点的影响。文化创意产品进口额占 GDP 比重的高低反映了一个国家对国际文化创意产品需求的依赖程度。图 3-4 描述了文化创意产品进口比重和文化贸易保护支持比例的关系。从中可以看出，文化创意产品进口比重与文化贸易保护支持比例的关系并不显著。主要原因可能有两个方面：一方面，文化创意产品的进口贸易取决于进口国的贸易政策。也就是说，较低的文化创意产品进口比例反映了较强的文化贸易保护政策，从而文化创意产品进口比重与支持文化贸易保护比例呈负相关。另一方面，如果在本国市场中的国外产品被认为是对本国市场的入侵，则可能增加对贸易保护政策的需求，使文化创意产品进口比重与支持文化贸易保护比例呈正相关。以上两个方面的相互作用，使文化创意产品进口比重与支持文化贸易保护比例的关系较为复杂，不能呈现出显著的相关关系。

最后，考虑贸易政策对文化贸易保护主义观点的影响。本节采用 Anderson 和 Neary（1994）提出的总体贸易限制指数（OTRI）。该指数反映了一个国家的贸易政策约束，主要考虑了关税限制和非关税措施限制对一个国家进口的影响。一个国家的 OTRI 越大，则代表该国对国外产品的约束

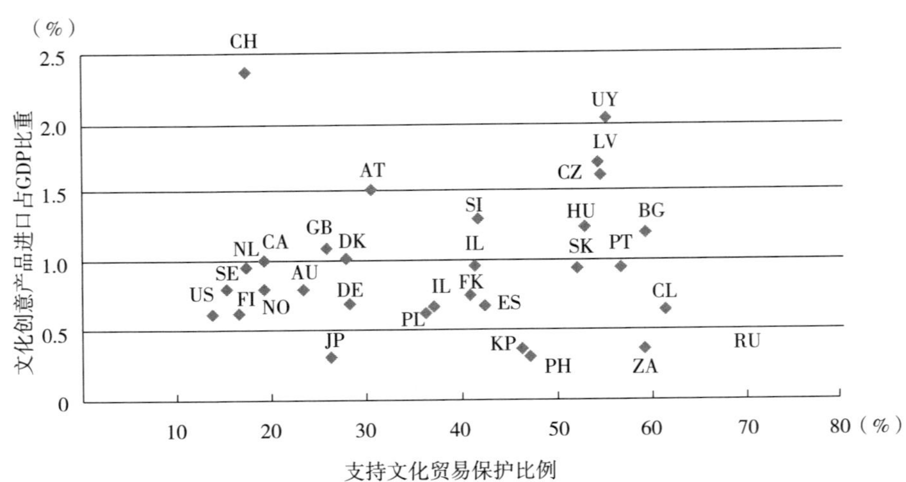

图 3-4 支持文化贸易保护比例与文化创意产品进口的关系

资料来源：文化创意产品进口额来源于联合国创意经济数据库；GDP 数据来源于世界银行数据库，相关数据都是 2003 年数据。

就越强。但是，由于该指数不能完全反映世界全部国家的贸易政策约束情况，本节只能从中选取部分数据进行匹配。图 3-5 描述了贸易政策和文化贸易保护态度的关系。从中可以看出，支持文化贸易保护比例与 OTRI 直接呈现出显著的正相关关系。也就是说，一个国家的贸易壁垒越高，该国

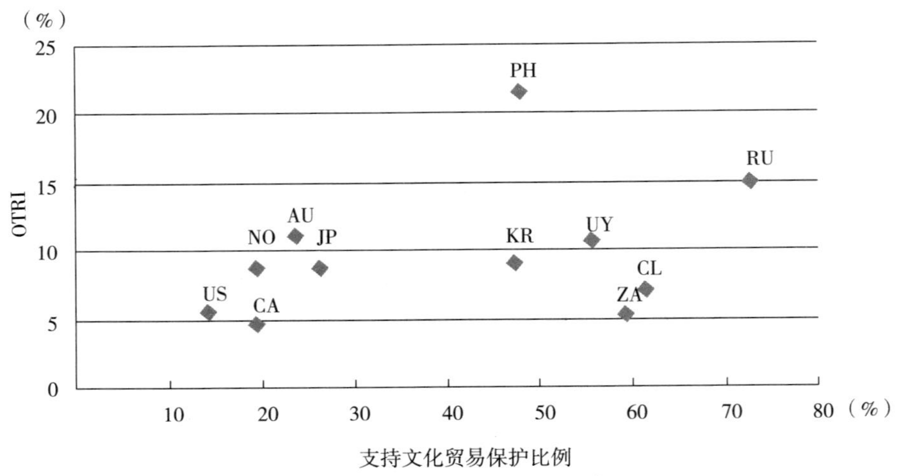

图 3-5 支持文化贸易保护比例与贸易政策的关系

资料来源：OTRI 来源于世界银行数据库。

则表现出越强的文化贸易保护主义态度。

3.4 本章小结

本章从法律、经济和社会三个维度分析了国际文化贸易发展环境。首先，从法律层面分析了世界文化贸易政策与规则，主要考虑 WTO 多边贸易制度中 GATT 1994 第 4 条对“电影配额”的规定、GATS 对文化服务的相关协议以及 TRIPS 在协调不同国家法律对知识产权保护程度的差异方面具有的重要作用。此外，还分析了 UNESCO 关于文化多样性的相关规则。其次，从经济层面分析了主要国家的文化贸易壁垒形式，其中包括关税、数量限制、知识产权缺失、视频征税、补贴及服务壁垒等。同时，重点考虑了数量限制对不同国家规模文化产品进口贸易的影响及其福利变化。最后，利用国际社会调查项目的民族认同第二次问卷调查数据分析了世界主要国家居民对文化贸易保护的支持态度，并进一步分析了不同国家经济发展水平、文化创意产品进口贸易额及贸易政策对一国居民文化贸易保护态度的影响。

04

中国文化产品贸易发展演变及特征

当前，文化产业已成为最具有活力的产业之一。文化产业在全球经济中重要性的提升，不仅表现在其占GDP比重的提高，而且还体现在吸纳了大量的从业人员。在国家发展战略和文化产业政策引导下，中国文化产业规模也在不断壮大。2004~2011年文化产业增加值年均增速超过23.7%，从2004年的3102亿元增长至2011年的13479亿元。随着数字技术和信息技术的快速发展，中国文化产品出口贸易也同样显著扩张。

伴随着文化产业的快速发展，越来越多的学者开始关注中国文化贸易的发展问题。例如，中国文化贸易总体规模较大，但文化产业及贸易结构不甚合理，多集中于传统低附加值领域（何传添和潘瑜，2012）；文化贸易在我国对外贸易中的地位较低（彭育园，2006）；中国创意产品贸易的顺差规模在持续扩大，并且创意产品出口集中于劳动密集型产品（戴翔，2011）；文化服务贸易严重落后于文化产品贸易（赵有广，2006）；我国文化贸易存在结构性劣势、品牌劣势和外部认知性劣势（王学成和郭金英，2007）。但是，先前的大多数研究更多倾向于描述性分析，较少采用实证方法对中国文化贸易方式进行深入探讨。本章将着重研究我国文化产品出口贸易的历史演变及其特征。

由于文化产品具有不同于一般商品的特殊属性，并且文化贸易在最近十多年才开始快速发展，因而测度文化贸易流较为困难，统计数据也不完善。目前，关于文化贸易的数据来源主要有以下几个途径：通过每个国家不同途径调查出的排名数据整理而得，如各国每月排名前20的歌曲（Ferreira，2013）；非公有机构或个人的调查和统计资料，如美国电影票房收入（Hanson，2009）；国际组织，如联合国Comtrade数据库和联合国教科文组织数据库（Disdier，2010）。

根据研究需要，本章选取来自UNCTAD创意经济数据库的相关数据，该数据库提供了2002~2011年世界主要国家创意产品贸易流的现价美元贸易额，并将创意产品分成工艺品、视听产品、设计、新媒体、表演艺术、出版物和视觉艺术七大类。本章将文化产品研究范围限制在工艺品、视听产品、新媒体、表演艺术、出版物和视觉艺术六大类（见表4-1）。

表4-1　文化产品研究范围

产品类型	UNCTAD 数据库中的创意产品	本章研究对象
工艺品	地毯、庆祝用品、其他、纸制品、藤制品、纱制品	庆祝用品
视听产品	电影	电影
设计	建筑、时装、玻璃器具、室内、首饰、玩具	—
新媒体	数字录制、电子游戏	数字录制、电子游戏
表演艺术	音乐制品、音乐印刷品	音乐制品、音乐印刷品
出版物	书籍、报纸、其他出版物	书籍、报纸、其他出版物
视觉艺术	古董、绘画、摄影、雕塑	古董、绘画、摄影、雕塑

资料来源：UNCTAD. Creative economy report 2010，http：//unctad. org/en/Docs/ditctab20103_en. pdf；经笔者加工整理。

4.1　中国文化产品出口贸易规模

总体上看，中国文化产品出口贸易呈现良好的发展势头，贸易规模不断扩大。2002~2011年，中国文化产品出口贸易额年均增长率为13.8%，出口额从2002年的63.5亿美元增加到2011年的187.22亿美元（见图4-1）。受2008年国际金融危机影响，世界主要国家的文化消费需求下降，导致中国文化产品出口额在2008~2009年出现较大幅度下滑，但是这种下降趋势并未持续太久，随后在2010年便得到一定程度的恢复，并于2011年创下历史最高值。

中国文化产品出口贸易规模快速增长的主要原因可能是多方面的。一是发达国家和发展中国家经济不断发展提升了人们的生活水平，各国居民对多样性文化产品的消费需求不断增加；二是数字信息技术的快速发展强

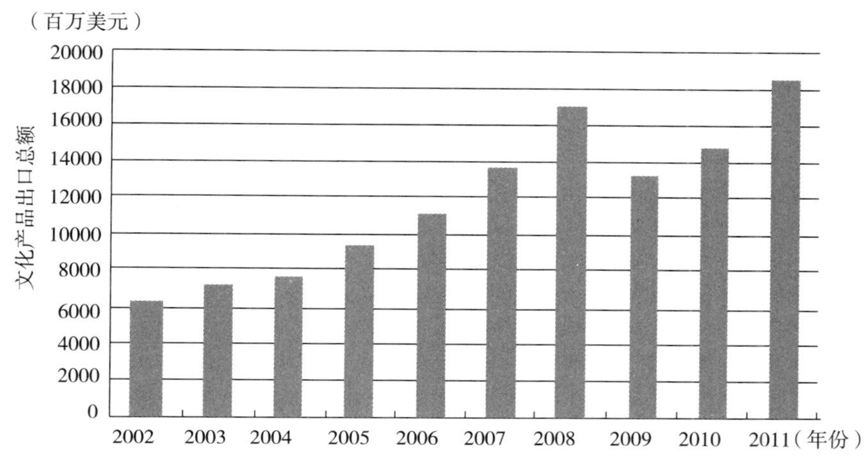

图 4-1　2002~2011 年中国文化产品出口贸易总额变化

资料来源：UNCTAD 创意经济数据库，http：//unctadstat. unctad. org/ReportFolders/reportFolders. aspx；经笔者整理和计算。

化了文化的可贸易性；三是全球化和区域一体化的不断深入，使政治和经济方面的贸易壁垒程度总体上在降低，同时，新的发展中国家参与世界贸易刺激了文化贸易发展；四是全球化及资本、劳动力的加速流动深化了文化交融程度，增加了对中国文化产品的需求；五是中国加入 WTO 使对外开放程度进一步加深；六是文化体制改革的深化加快了中国文化产业的发展，党的十六大厘清了文化事业和文化产业的关系，激发了文化市场的活力。

尽管中国文化产品出口贸易规模快速扩大，但其占总出口和 GDP 的比重都显著下降。2002 年，中国文化产品出口总额占中国总出口比重为 1.94%，而到了 2011 年，这一比重下降到了 0.95%（见图 4-2a），反映出中国文化产品出口增速要低于总出口的增速，这主要是因为目前中国仍是制造大国，工业品出口在中国总出口中占据主导地位。目前，英国创意产业平均产值接近 600 亿美元，超过任何一种传统制造业创造的产值。因此，英国是一个与文化贸易显著联系在一起的经济体，文化产品出口额在总出口中的比重在 2011 年达到 2.4%，这一比重远远高于中国的 0.95%。即使在 2011 年许多发达国家文化产品出口总额在总出口中所占比重呈下降趋势，但中国仍低于美国、英国、加拿大、奥地利和瑞士等国。

中国内地文化产品出口额占 GDP 比重从 2002 年的 0.43%下降到 2011 年的0.25%（见图 4-2b）。中国香港文化产品出口总额占 GDP 比重在全球最高，达到 2.13%。新加坡文化产品出口额占 GDP 比重在 2011 年相比 2002 年大幅度上升。相比而言，中国内地不仅低于中国香港和新加坡，而且显著低于英国、德国、瑞典、比利时和瑞士等发达国家。

在过去十年里，中国文化贸易总体上呈顺差态势，并且这种顺差还在不断扩大。2002 年，中国文化产品对外贸易顺差为 53.62 亿美元，而到了 2011 年，这种顺差扩大到了 149.84 亿美元（见图 4-3）。对外文化贸易顺差的不断扩大主要是因为中国文化产品出口贸易规模扩展速度较快，而文化产品进口贸易的增长速度较为缓慢。出于保护本国文化的安全与承继的考虑，中国在文化产业对外开放方面保持了较为谨慎的态度，开放的领域比较有限，对进口出版物、影视、游戏等内容产品审查较为严格，导致文化产品进口规模较小。以 2007 年 4 月中美出版物进口案为例，美国在世界贸易组织起诉中国，指责中方在涉及纸制和电子出版物、音像制品、电影及网络音乐服务的进口和分销过程中设限，违背了世界贸易组织相关原则。①

但是，中国文化产品在全球文化市场中的地位显著提升。中国文化产品出口占全球文化贸易市场份额从 2002 年的 9.18%稳步提升到 2011 年的 14.87%，十年间市场份额提升了 5.69 个百分点（见图 4-4）。相比而言，中国文化产品进口贸易占全球文化贸易市场份额较低并且提升十分缓慢。2002 年，中国文化产品进口总额占全球文化贸易市场份额约为 1.43%，到了 2011 年才上升到 2.97%，上升幅度仅为 1.5 个百分点，远远低于中国文化产品出口在全球文化贸易市场份额中所占比重的提升幅度。这主要受两方面因素的影响：一是国内文化产业大力发展增加了文化产品供给；二是国内政策对国外文化产品实施了较为严格的限制政策，从而减少了对国外文化产品的进口。

---

① 张书勤．中国出版“走出去”的路径选择［J］．出版发行研究，2012（12）：46-49.

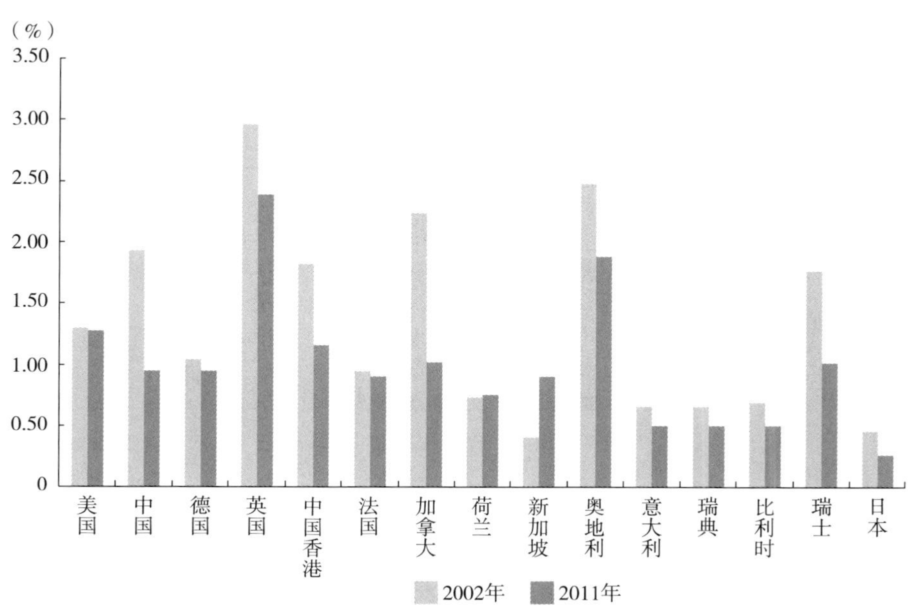

（a）世界主要国家和地区文化产品出口总额占总出口比重

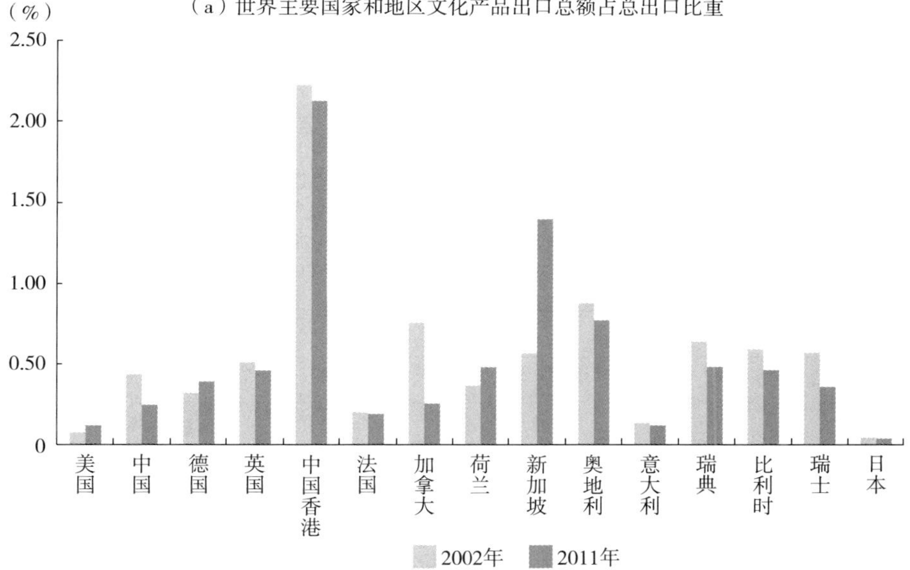

（b）世界主要国家和地区文化产品出口总额占GDP比重

图 4-2　中国与主要国家和地区文化产品出口总额占总出口及 GDP 比重

资料来源：UNCTAD 创意经济数据库；经笔者整理和计算。

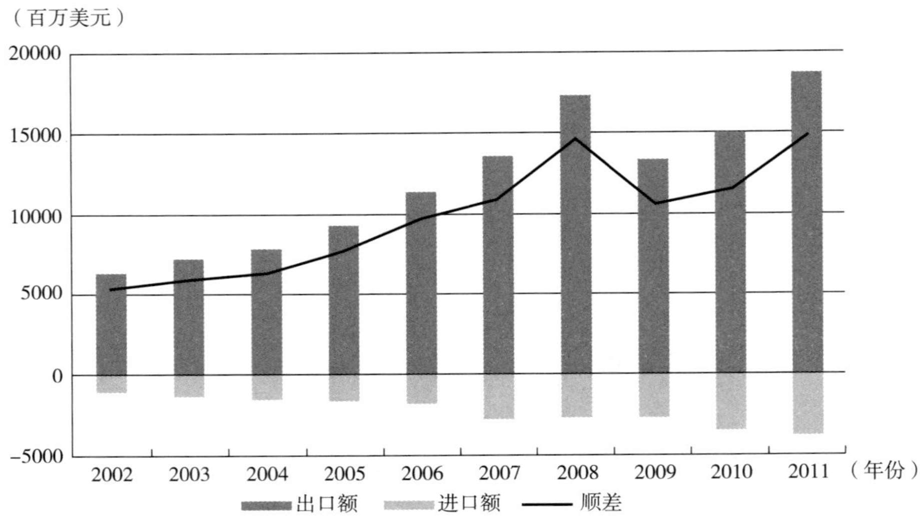

图 4-3　2002~2011 年中国文化产品进出口贸易差额

资料来源：UNCTAD 创意经济数据库；经笔者整理和计算。

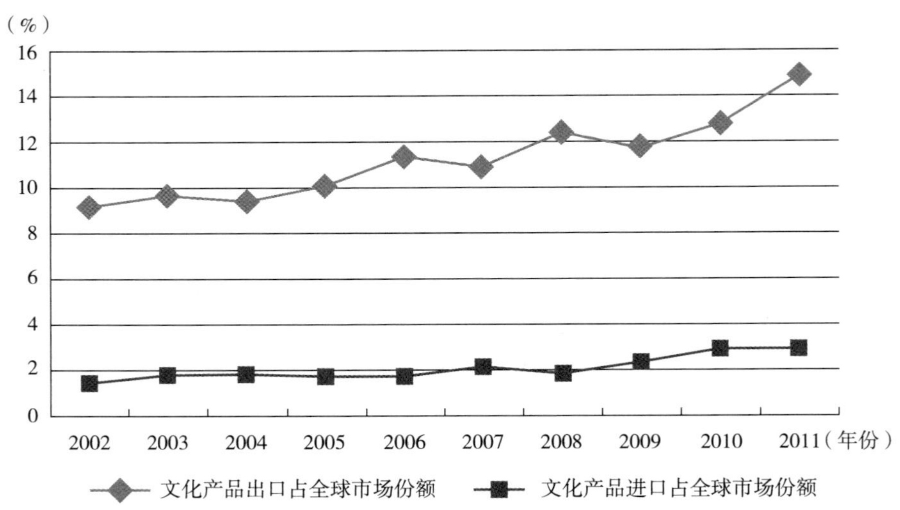

图 4-4　2002~2011 年中国文化产品贸易占全球市场份额

资料来源：UNCTAD 创意经济数据库；经笔者整理和计算。

4.2 中国文化产品出口贸易结构

在分析中国文化产品出口规模的总体发展变化后，进一步分析中国文化产品出口贸易的产品结构和市场结构特征，反映中国文化产品出口的产品专业化和地理专业化。

4.2.1 产品结构

表4-2报告了2002~2011年中国分类文化产品出口份额发展变化情况。从分类文化产品在中国文化产品出口总额中的比重看，新媒体和视觉艺术产品在中国文化产品出口中占主导地位。新媒体是中国最重要的文化出口部门，在2002~2011年占中国文化产品出口份额平均达到42.11%。从发展趋势上看，新媒体部门出口占文化产品总出口比重经历“先增后减”的过程，其出口份额从2002年的39.44%上升到2008年的52.5%，达到最大值，并在随后的2009~2011年下降到33.22%，低于2002年的39.44%。与之相反的是，视觉艺术部门占中国文化产品出口份额则呈现出“先减后增”的过程，从2002年的34.15%下降到2008年的最低值21.43%，并在随后的几年里上升到38.6%，高于样本初期的2002年。

工艺品和出版物两个部门占中国文化产品出口比重比较接近。从平均值上看，工艺品和出版物占中国文化产品出口比重分别为14.19%和12.68%。但两者却表现出截然相反的发展趋势。工艺品部门的出口份额处于下滑态势，从2002年的17.71%降至2011年的13.89%。而出版行业的出口份额则稳步上升，从2002年的8.42%增长至2011年的14.21%。工艺品和出版物分别代表文化产品的外围产品和核心产品，两者的发展趋势相反则意味着中国文化产品出口结构处于动态优化当中。

视听产品和表演艺术在中国文化产品出口中所占份额相当低。从平均值看，视听产品只占中国文化产品出口的0.0012%，并且这一比重还处于持续下降当中。同样，表演艺术只占中国文化产品出口份额的0.16%，自

2002 年达到最大值 0. 27%以来，这一份额基本保持持续下滑，在 2011 年达到最小值 0. 08%。

表 4-2 中国文化产品出口结构 单位:%

年份	工艺品	视听产品	新媒体	表演艺术	出版物	视觉艺术
2002	17. 71	0. 0029	39. 44	0. 27	8. 42	34. 15
2003	18. 94	0. 0011	38. 93	0. 26	8. 98	32. 89
2004	15. 30	0. 0008	38. 64	0. 25	10. 82	35. 00
2005	13. 05	0. 0001	43. 48	0. 16	11. 02	32. 30
2006	11. 51	0. 0015	46. 21	0. 11	12. 70	29. 47
2007	13. 78	0. 0011	46. 58	0. 12	14. 94	24. 58
2008	12. 01	0. 0006	52. 5	0. 09	13. 96	21. 43
2009	12. 64	0. 0021	44. 47	0. 12	15. 87	26. 90
2010	13. 11	0. 0012	37. 59	0. 1	15. 89	33. 31
2011	13. 89	0. 0004	33. 22	0. 08	14. 21	38. 60
平均值	14. 19	0. 0012	42. 11	0. 16	12. 68	30. 86

资料来源：UNCTAD 创意经济数据库；经笔者整理和计算。

4. 2. 2 市场分布

本部分主要考察 2011 年中国文化产品出口的主要贸易目的地。表 4-3 报告了中国文化产品出口贸易的地理分布情况，主要包括 20 个贸易伙伴国和贸易目的地。与中国文化产品出口联系最为紧密的是发达国家，如美国、德国、英国、日本等，出口到发达国家（地区）的产品份额占文化产品总出口的 73. 76%，而向发展中国家的出口份额仅为 26. 24%。在欧洲 27 国中，中国文化产品出口的份额占中国文化产品总出口的 27. 78%。在前 20 位中国文化产品出口的主要贸易对象中，处于北美洲地区的文化产品出口份额为 37. 45%，其次为欧洲地区，为 26. 57%，最后为亚洲地区，为 19. 3%。

表 4-3 2011 年中国文化产品主要贸易对象和贸易目的地 单位:%

	国家（地区）	占中国总出口比重
主要贸易对象	美国	35.67
	德国	9.08
	中国香港	7.74
	英国	6.57
	日本	4.93
	荷兰	4.31
	澳大利亚	2.26
	加拿大	1.78
	意大利	1.62
	俄罗斯	1.35
	法国	1.30
	阿拉伯国家	1.26
	比利时	1.17
	西班牙	1.17
	巴西	1.08
	韩国	0.96
	印度	0.92
	马来西亚	0.86
	新加坡	0.83
	中国台湾	0.80
主要贸易目的地	发达国家	73.76
	发展中国家	26.24
	欧盟 27 国	27.78

资料来源：UNCTAD 创意经济数据库；经笔者整理和计算。

从细分市场看，进口中国文化产品占中国出口额在 1%以上的国家（地区）共有 15 个，文化产品出口贸易总额为 130.09 亿美元，占当年中国文化产品出口贸易总额的 81.29%。美国是中国文化产品出口的最主要目的国，出口总额为 57.44 亿美元，占中国文化产品出口总额的 35.67%。紧随其后的分别为德国（9.08%）、中国香港（7.74%）、英国（6.57%）和日本（4.93%），中国出口到这些国家和地区的文化产品总额为 45.6 亿美元，占中国文化产品出口额的 28.32%。此外，荷兰（4.31%）、澳大利亚（2.26%）、加拿大（1.78%）、意大利（1.62%）和俄罗斯（1.35%）分别为中国文化产品出口贸易前 6~10 位的国家和地区。

在传统工业品贸易中，由于运输成本的存在，地理距离对产品贸易有着重要影响。然而，从中国文化产品出口贸易看，中国周边的亚洲国家和地区中，只有中国香港地区和英国进口中国文化产品份额较高，而中国台湾、新加坡、马来西亚、印度及韩国等亚洲国家排名较为靠后，这从侧面反映了地理距离对于文化产品贸易的影响并没有传统工业品那么重要。另外，进口中国文化产品份额较高的国家（地区）都属于经济发达地区，因此，一个国家（地区）的经济发展水平对于文化产品贸易极为重要。

表 4-4 进一步报告了分类文化产品出口的市场分布特征。我们具体考察工艺品、视听产品、新媒体、表演艺术、出版物和视觉艺术六大类产品在出口贸易中的第一大贸易伙伴和占中国文化产品出口的份额情况。

表 4-4　中国分类文化产品贸易的地理特征（2002~2011 年平均值）

产品分类		出口比重（%）	
工艺品	庆祝用品	美国	45.76
视听产品	电影	韩国	33.28
新媒体	数字录制	美国	16.73
	电子游戏	美国	37.52
表演艺术	音乐制品	中国香港	30.63
	音乐印刷品	美国	22.62
出版物	书籍	中国香港	39.46
	报纸	印度	35.03
	其他出版物	美国	36.93

续表

产品分类		出口比重（%）	
视觉艺术	古董	德国	20.67
	绘画	美国	35.84
	摄影	美国	36.21
	雕塑	美国	36.94

资料来源：UNCTAD 创意经济数据库；经笔者整理和计算。

对于工艺品而言，其主要的细分产品为庆祝用品，美国是中国庆祝用品最重要的出口目的地，占中国庆祝用品出口总额的 45.76%。视听产品主要的细分产品是电影，中国电影出口的主要目的地是韩国，占中国电影出口总额的 33.28%。

新媒体产品主要的细分产品包括数字录制产品和电子游戏产品。从中国新媒体产品的出口情况看，美国是中国数字录制产品和电子游戏产品的最重要的出口目的国，分别占到中国数字录制产品出口总额和电子游戏产品出口总额的 16.73%和 37.52%。

表演艺术产品主要包括音乐制品和音乐印刷品。从表演艺术产品的出口情况看，中国音乐制品的主要出口目的地是中国香港地区，占中国音乐制品出口总额的 30.63%；美国是中国音乐印刷品的主要出口地，其音乐印刷品出口占中国音乐印刷品出口总额的 22.62%。

出版物主要包括书籍、报纸和其他出版物三类。从中国出版物的出口情况看，中国香港地区、印度和美国分别是中国书籍出口、报纸出口和其他出版物出口的主要目的地，分别占到中国书籍出口总额、中国报纸出口总额和其他出版物出口总额的 39.46%、35.03%和 36.93%。

对于视觉艺术产品而言，其主要包括古董、绘画、摄影和雕塑四类产品。从视觉艺术产品的出口情况看，德国是中国古董出口的最大贸易伙伴，占中国古董出口总额的 20.67%；美国是中国绘画产品、摄影产品和雕塑产品的最大出口目的地，分别占中国绘画产品出口总额、摄影产品出口总额及雕塑产品出口总额的 35.84%、36.21%和 36.94%。

总体上看，各类文化产品都高度集中在第一大贸易市场上，并且美国

是中国文化产品出口的主要目的地。这充分说明了在文化全球化的背景下，美国不仅在文化产品出口中占主导地位，而且在文化产品进口中也同样占据着主导地位。

4.3 中国文化产品出口贸易集中度

上节研究表明，中国分类文化产品出口高度集中在第一大贸易伙伴国。为测量中国文化产品在主要贸易伙伴国出口的平衡性，我们选择 Herfindahl 指数（HHI）和泰尔系数（TI）进一步研究中国文化产品出口集中度特征。

4.3.1 出口集中度测度

4.3.1.1 Herfindahl 指数

Herfindahl 指数（HHI）是一种传统的集中度测度指标，一般用来分析企业在所属产业中的市场份额。本书将 HHI 定义为每个国家进口占中国文化产品总出口份额的平方和。市场份额分布越平衡，则 HHI 指数值越小，反之，则越大。

标准化后的 Herfindahl 指数计算公式为：

$$H^* = \frac{\sum_k (s_k)^2 - 1/n}{1 - 1/n} \tag{4-1}$$

其中，$s_k = x_k / \sum_{k=1}^{n} x_k$ 代表中国文化产品出口到第 k 国的贸易额占中国文化产品总出口的比重，n 代表进口中国文化产品的国家数量。

4.3.1.2 泰尔系数

泰尔系数（Theil，1972）计算公式如式（4-2）所示：

$$T = \frac{1}{n}\sum_{k=1}^{n} \frac{x_k}{\mu}\ln\left(\frac{x_k}{\mu}\right) \quad 其中，\mu = \frac{1}{n}\sum_{k=1}^{n} x_k \tag{4-2}$$

泰尔系数取决于潜在进口国数量 n 的定义。我们将潜在进口国定义为：该国在样本期至少连续两年从中国进口文化产品，必须是连续两年而不是一年主要是为确定其是一个稳定的进口国。

根据 Cadot 等（2010）的研究，我们将泰尔系数分解成组内和组间两个部分，分别用来测量集约边际（Intensive Margin）和外延边际（Extensive Margin）。组内泰尔系数测量产品销售量的分布，组间泰尔系数则用来捕捉贸易伙伴的集中度。也就是说，在集约边际上的集中意味着文化贸易在伙伴国之间的份额分布更加不均衡，在扩展边际上的集中则可以解释为活跃贸易国的下降（Masood，2013）。这种计算方式基于对样本的两个分组：具有活跃的或者不活跃的文化贸易流。其中，组间泰尔系数的计算公式为：

$$T^{B}=\sum_{j=0}^{1}\frac{n_j}{n}\frac{\mu_j}{\mu}\ln\left(\frac{\mu_j}{\mu}\right) \tag{4-3}$$

组内泰尔系数的计算公式为：

$$T^{w}=\sum_{j=0}^{1}\frac{n_j}{n}\frac{\mu_j}{\mu}T^{j}=\sum_{j=0}^{1}\frac{n_j}{n}\frac{\mu_j}{\mu}\left[\frac{1}{n_j}\sum_{k\in j}\frac{x_k}{\mu_j}\ln\left(\frac{x_k}{\mu_j}\right)\right] \tag{4-4}$$

其中，n 代表进口国数量，n_j 是组 j 的进口国数量，μ 是中国文化产品出口平均值，μ_j 是中国在组 j 的文化产品出口平均值，x_k 是中国与第 k 国的文化产品贸易额。j 取 0 或 1，如果 j=0，表示两国间不存在活跃的文化贸易行为；如果 j=1，则代表两国间存在活跃的文化贸易行为。

4.3.2 出口集中度变化

根据 UNCTAD 创意经济数据库中相关数据，我们计算出 2002~2011 年中国文化产品出口的 Herfindahl 指数和泰尔指数。为反映两个指数值的变化趋势，我们将 HHI 根据$\overline{H_t}=100H_t/H_0$ 进行处理。对泰尔系数也进行相同的转换。图 4-5 描述了 2002~2011 年中国文化产品出口集中度指标（HHI 和 TI）相对 2002 年的变化趋势。

HHI 和 TI 的演变趋势表明，中国文化产品出口集中度是逐渐下降的。也就是说，中国文化产品出口多样化程度在不断增强。HHI 和 TI 在 2002~2008 年处于持续下降态势。但是，HHI 表明中国文化产品出口集中度在 2009 年达到最低，而 TI 则表明中国文化产品出口集中度在 2008 年达到最

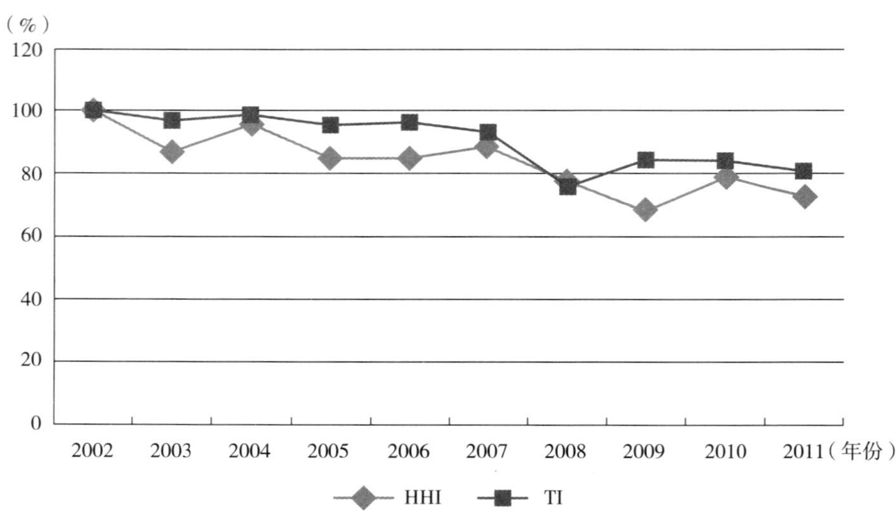

图 4-5　2002~2011 年中国文化产品出口集中度变化趋势

资料来源：UNCTAD 创意经济数据库；经笔者整理和计算。

低。值得注意的是，这两个时间点都并不能真实地反映出中国文化产品出口集中度变化，因为中国文化产品出口对象主要集中在发达国家，而发达国家的经济在 2008~2009 年受国际金融危机影响较大，消费需求减少降低了对中国文化产品的出口需求，导致集中度大幅度降低。但整体上看，中国文化产品出口集中度是在下降的。

根据异质性企业贸易理论，一国的出口增长是沿着“集约贸易边际”和“扩展贸易边际”的“二元边际”实现的（盛斌等，2011）。为识别出中国文化产品出口贸易集中度变化是由扩展边际还是集约边际导致的，我们将泰尔系数分解成集约边际和扩展边际。同时，为更直观地观察集中度变化，我们还计算出文化产品进口泰尔系数及其分解结果，并对进出口泰尔指数及集约边际和扩展边际进行比较分析。表 4-5 报告了 2002~2011 年中国文化产品贸易集中度的泰尔系数计算结果，图 4-6 描述了中国文化产品贸易的集约边际（a）和扩展边际（b）。

表 4-5 中国文化产品贸易集中度的泰尔系数结果

年份	出口			进口		
	集约边际	外延边际	泰尔系数	集约边际	外延边际	泰尔系数
2002	3. 014	0. 222	3. 236	1. 997	1. 550	3. 547
2003	2. 931	0. 222	3. 153	1. 827	1. 633	3. 460
2004	2. 965	0. 196	3. 161	1. 962	0. 931	2. 893
2005	2. 886	0. 196	3. 082	2. 141	0. 809	2. 950
2006	2. 907	0. 196	3. 103	2. 297	0. 754	3. 051
2007	2. 810	0. 171	2. 981	2. 251	0. 694	2. 945
2008	2. 291	0. 170	2. 461	2. 369	0. 685	3. 054
2009	2. 536	0. 165	2. 701	2. 410	0. 596	3. 006
2010	2. 526	0. 156	2. 682	2. 593	0. 414	3. 007
2011	2. 445	0. 156	2. 601	2. 419	0. 619	3. 038
平均值	2. 731	0. 185	2. 916	2. 226	0. 868	3. 095
占 TI 比例	93. 66	6. 34	100	71. 94	28. 06	100

资料来源：UNCTAD 创意经济数据库；经笔者整理和计算。

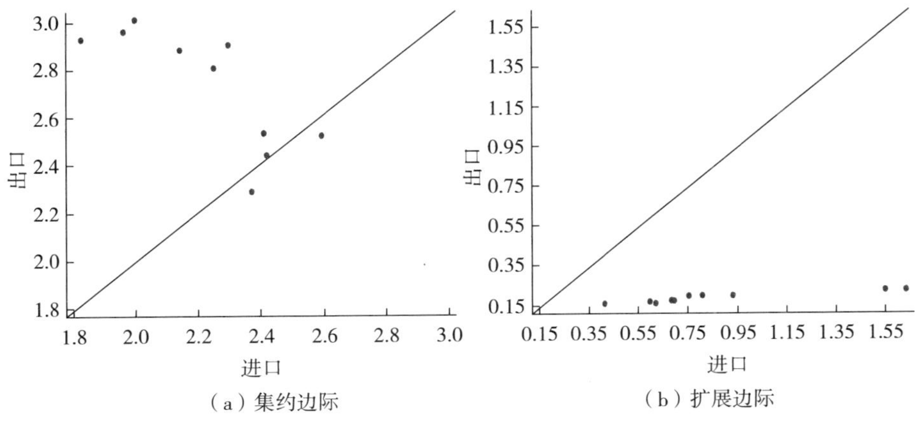

（a）集约边际　　（b）扩展边际

图 4-6 中国文化产品贸易集约边际和扩展边际比较

资料来源：UNCTAD 创意经济数据库；经笔者整理和计算。

自2002年以来，中国文化产品出口集中度的变化主要是依赖集约边际，集约边际的贡献度达93.66%，而扩展边际的贡献度只有6.34%（见表4-5）。这意味着中国文化产品出口到许多国家，但是最高的出口量集中在少数几个国家和地区，如美国、德国、中国香港、英国等。因此，中国文化产品出口集中度下降最主要驱动因素是少数比较大的贸易伙伴国进口数量的下降，而不是出口对象的更加多元化。这种贸易模式在短期内能够带来巨大的收益，但在中长期却是不可持续，甚至是孕育风险的，因为贸易的集约边际极易遭受外部冲击从而导致增长的大幅波动，并将进一步引发较高的收入不稳定，同时还可能因为出口数量扩张而导致该国贸易条件的持续恶化。①

从进口TI分解结果中我们发现了一些新的现象。首先，与出口类似，文化产品进口集中度的变化也主要依赖集约边际，集约边际的贡献度达71.94%，扩展边际的贡献度为28.06%。其次，大多年份进口集约边际要小于出口（图4-6a），但进口集约呈现出逐渐增长势头，表明中国文化产品进口额不仅集中在少数几个国家和地区，如新加坡、美国、日本、德国、中国台湾、中国香港和英国等，而且从这些国家和地区的进口规模越来越大。最后，进口扩展边际要大于出口扩展边际（图4-6b），但进口扩展边际也处于下降当中。这表明中国从较宽泛范围内的国家进口文化产品（扩展边际），但是从新贸易国进口范围在缩小。Massod（2013）认为，文化产品进口多样性与贸易伙伴数量相一致。因此，这可以解释为中国文化产品进口的活跃来源的减少，也就意味着多样性的降低。

4.4 中国文化产品的产业内贸易

4.4.1 产业内贸易评价指标

产业内贸易（Intra-industry Trade）是指同时出口和进口无论是在生产

① 盛斌，钱学锋，黄玖立，东艳．入世十年转型：中国对外贸易发展的回顾与前瞻［J］．国际经济评论，2011（5）．

投入还是消费上几乎可以完全相互替代的某类产品（Tharakan，1985）。产业内贸易的发展不仅可以促进规模经济和产品差异化发展，而且能够进一步提升产业的竞争力。产业内贸易自 20 世纪 60 年代被提出以来，该现象便受到广泛关注。在后来的研究中，虽然产业内贸易涉及许多产业，但制造业是研究的重点①。本书将其引入到文化产业研究中，考察中国文化产品的产业内贸易状况。

参考霍尚一（2008）及孙致陆和李先德（2014）的做法，本书选择 Grubel 和 Lloyd（1975）的产业内贸易指数、Brülhart（1994）的边际产业内贸易指数及 Thom 和 McDowell（1999）的垂直型和水平型产业内贸易指数三个指数。

4.4.1.1　产业内贸易指数

Grubel 和 Lloyd 于 1975 年提出了 G-L 指数来测算贸易产品的产业内贸易水平，其计算公式如式（4-5）所示：

$$GL_i = 1 - \frac{|X_i - M_i|}{X_i + M_i} \tag{4-5}$$

其中，X_i 表示 i 类产品的出口额，M_i 表示 i 类产品的进口额；GL_i 取值范围为 0~1，GL_i 越大，表明产业内贸易水平越高；GL_i越小，则表明产业内贸易水平越低。一般认为，只要 GL_i 大于 0.5，就可以认为产品 i 的贸易以产业内贸易为主。

为进一步分析中国文化产品产业内贸易整体水平，我们还采用以下无权重的整体产业内贸易指数和加权后的整体产业内贸易指数两个指标。其中，无权重的整体产业内贸易指数 GLI_u 的计算公式为：

$$GLI_u = \frac{1}{n}\sum_{i}^{n} GL_i \tag{4-6}$$

加权后的整体产业内贸易指数 GLI_w 计算公式为：

$$GLI_w = GL_i \sum_{i=1}^{n} \frac{X_i + M_i}{X + M} = 1 - \frac{\sum_{i=1}^{n} |X_i - M_i|}{X + M} \tag{4-7}$$

① 陈卫平，侯晓霞，王长春．中国加工食品产业内贸易的发展现状与决定因素分析［J］．管理世界，2004（9）：12.

其中，X 和 M 分别表示所有商品的出口额和进口额。

4.4.1.2　边际产业内贸易指数

为更进一步反映出中国文化产品产业内贸易水平的动态变化，本书还采用 Brülhart（1994）提出的边际产业内贸易指数，用来测算一定时期内一种商品贸易增量的产业内贸易水平，具体公式如式（4-8）所示：

$$BI_i = 1 - \frac{|\Delta X_i - \Delta M_i|}{|\Delta X_i| + |\Delta M_i|} \tag{4-8}$$

其中，ΔX_i 表示相邻年份 i 类产品的出口额增量，ΔM_i 表示相邻年份 i 类产品的进口额增量；BI_i 的取值介于 0 到 1，其值越大，表明某类文化产品贸易增量变化主要是由产业内贸易引起的；其值越小，则表明某类文化产品贸易增量变化主要是由产业间贸易引起的。

进一步地，采用加权的 Brülhart（1994）边际产业内贸易指数来分析相邻年份中中国文化产品贸易增量的产业内贸易整体水平，其计算公式为：

$$BI = \sum_{i=1}^{n} BI_i \frac{|\Delta X_i| + |\Delta M_i|}{\sum_{i=1}^{n}(|\Delta X_i| + |\Delta M_i|)} \tag{4-9}$$

4.4.1.3　垂直型和水平型产业内贸易指数

产业内贸易根据贸易特征的不同还可分为垂直型产业内贸易和水平型产业内贸易。垂直型产业内贸易是由同类产品具有不同质量引起的，主要发生在经济发展水平差异较大的国家或地区之间，而水平型产业内贸易则是由同类产品存在不同特性引起的，主要发生在经济发展水平接近的国家或地区之间（孙致陆和李先德，2014）。

为探究中国文化产品产业内贸易结构的动态变化特征，本书采用 Thom 和 McDowell（1999）提出的垂直型产业内贸易指数（VITT）和水平型产业内贸易指数（HITT）。其中，水平型产业内贸易指数也即加权的 Brülhart（1994）边际产业内贸易指数，垂直型产业内贸易指数则等于总产业内贸易指数（MITT）减去水平型产业内贸易指数。

总产业内贸易指数的具体公式为：

$$MITT = 1 - \frac{|\Delta X - \Delta M|}{\sum_{i=1}^{n} |\Delta X_i| + \sum_{i=1}^{n} |\Delta M_i|} \tag{4-10}$$

其中，$\Delta X = \sum_{i=1}^{n} |\Delta X_i|$，$\Delta M = \sum_{i=1}^{n} |\Delta M_i|$。

4.4.2 中国文化产品产业内贸易测算结果

4.4.2.1 产业内贸易指数计算结果分析

表 4-6 报告了 2002~2011 年中国文化产品贸易 G-L 指数值。整体上看，在 2002~2011 年，GLI_u和 GLI_w指数值都小于 0.5，可见中国文化产品产业内贸易整体水平是比较低的，中国的文化贸易具有很强的互补性。从发展变化趋势上看，GLI_u呈现出下降的特征，而 GLI_w整体上呈逐渐增加的变化趋势，这表明了产业内贸易在中国文化产品贸易增量中的作用在略微增强。从 GLI_u和 GLI_w的比较来看，GLI_u要高于 GLI_w，表明在中国对外文化贸易中，贸易比重高的文化产品的产业内贸易水平较低，贸易比重低的文化产品产业内贸易水平较高。

从各类文化产品的指数来看，其产业内贸易呈现出不同的变化特征。庆祝用品、电影、电子游戏和雕塑的 G-L 指数值在绝大多数年份中等于 0，表明这些产品的贸易基本上不存在产业内贸易，而主要以产业间贸易为主。书籍、绘画的 G-L 指数值基本上都小于 0.5，主要以产业间贸易为主。数字录制品在 2002~2011 年的 G-L 指数在 0.5 左右波动，但更多的是倾向产业内贸易。音乐制品的 G-L 指数值在 2002~2005 年大于 0.5，而在 2006~2011 年开始小于 0.5，表明音乐制品由产业内贸易转向了产业间贸易。音乐印刷品、其他出版物、古董和摄影的绝大多数 G-L 指数值都超过 0.5，具有较高的产业内贸易水平。值得注意的是，报纸比较特殊，其 G-L 指数值在 2002~2005 年均小于 0.5，而在 2006~2011 年超过了 0.5，并在 2009 年达到最大值 0.94，表明报纸的贸易开始由产业间贸易向产业内贸易转变。因此，在中国文化产品对外贸易中，产业内贸易和产业间贸易共存，但产业间贸易仍是文化产品的主要贸易方式。

表 4-6　2002~2011 年中国文化产品出口贸易 G-L 指数值

产品类型	2002 年	2003 年	2004 年	2005 年	2006 年	2007 年	2008 年	2009 年	2010 年	2011 年
庆祝用品	0.00	0.01	0.01	0.01	0.01	0.01	0.00	0.00	0.00	0.00
电影	0.26	0.15	0.06	0.01	0.02	0.01	0.01	0.02	0.01	0.01
数字录制	0.54	0.50	0.33	0.26	0.27	0.63	0.61	0.61	0.48	0.53
电子游戏	0.05	0.02	0.05	0.02	0.07	0.18	0.08	0.06	0.06	0.06
音乐制品	0.81	0.84	0.73	0.52	0.47	0.47	0.47	0.47	0.47	0.47
音乐印刷品	0.86	0.98	0.52	0.31	0.43	0.13	0.56	0.94	0.60	0.64
书籍	0.38	0.34	0.27	0.26	0.23	0.20	0.17	0.19	0.19	0.20
报纸	0.10	0.10	0.22	0.17	0.88	0.60	0.70	0.94	0.55	0.52
其他出版物	0.65	0.66	0.67	0.56	0.60	0.54	0.49	0.81	0.83	0.76
古董	0.78	0.91	0.87	0.96	0.96	0.79	0.50	0.75	0.66	0.26
绘画	0.08	0.08	0.11	0.05	0.06	0.12	0.15	0.09	0.08	0.15
摄影	0.96	0.78	0.93	0.79	0.95	0.58	0.48	0.92	0.85	0.69
雕塑	0.01	0.01	0.02	0.02	0.02	0.02	0.02	0.01	0.02	0.01
GLI_u	0.42	0.41	0.37	0.30	0.38	0.33	0.33	0.45	0.37	0.31
GLI_w	0.13	0.13	0.12	0.09	0.13	0.22	0.17	0.21	0.19	0.18

资料来源：UNCTAD 创意经济数据库；经笔者整理和计算。

4.4.2.2　边际产业内贸易指数结果分析

表 4-7 报告了 2002~2011 年中国文化产品 Brülhart 边际产业内贸易指数值。从细分类型的文化产品上看，除其他出版物以外，在绝大多数年份中，基本上所有产品的 Brülhart 边际产业内贸易指数值都显著小于 0.5，表明这些产品贸易增量变化主要是由产业间贸易引起的。对其他出版物来说，大部分年份的 Brülhart 边际产业内贸易指数值大于 0.5，表明其他出版物贸易增量变化主要来源于产业内贸易。从文化产品总体来看，加权的 Brülhart 边际产业内贸易指数值（BI）除 2007 年以外，其余年份一直都小于 0.5，并且最大值仅为 0.19，表明中国文化产品对外贸易增量变化主要是由产业间贸易引起的。值得注意的是，在 2007~2011 年，BI 指数值呈现

出小幅波动增长的变化趋势，可以认为，中国文化产品贸易增量变化的产业内贸易的作用是在逐渐增强的。

表 4-7 中国文化产品 Brülhart 边际产业内贸易指数值

产品类型	2002～2003 年	2003～2004 年	2004～2005 年	2005～2006 年	2006～2007 年	2007～2008 年	2008～2009 年	2009～2010 年	2010～2011 年
庆祝用品	0.02	0.01	0.00	0.04	0.00	0.00	0.00	0.00	0.01
电影	0.62	0.00	0.20	0.02	0.00	0.07	0.05	0.03	0.02
数字录制	0.40	0.00	0.00	0.00	1.00	0.19	0.60	0.00	0.89
电子游戏	0.00	0.20	0.00	0.21	0.81	0.00	0.10	0.09	0.12
音乐制品	0.83	0.14	0.00	0.95	0.00	0.00	0.00	0.00	0.00
音乐印刷品	0.95	0.26	0.10	0.00	0.00	0.00	0.10	0.41	0.46
书籍	0.02	0.00	0.20	0.12	0.10	0.00	0.00	0.19	0.24
报纸	0.13	0.00	0.07	0.00	0.00	0.00	0.00	0.00	0.16
其他出版物	0.69	0.69	0.00	0.69	0.42	0.29	0.00	0.98	0.23
古董	0.08	0.53	0.00	0.65	0.00	0.00	0.10	0.58	0.00
绘画	0.11	0.16	0.00	0.06	0.50	0.86	0.24	0.07	0.20
摄影	0.19	0.00	0.50	0.52	0.00	0.28	0.00	0.61	0.00
雕塑	0.03	0.04	0.02	0.04	0.29	0.02	0.12	0.02	0.01
BI	0.16	0.11	0.02	0.19	0.60	0.02	0.09	0.10	0.13

资料来源：UNCTAD 创意经济数据库；经笔者整理和计算。

4.4.2.3 垂直型和水平型产业内贸易指数结果

表 4-8 报告了 2002～2011 年中国文化产品的 Thom 和 McDowell 产业内贸易指数值。2002～2011 年中国文化产品总产业内贸易指数为 0.37，垂直型产业内贸易指数为 0.22，水平型产业内贸易指数为 0.16。由此表明，垂直型产业内贸易占绝大部分比例，因此，我国文化产品产业内贸易主要是由不同产品质量引起的，并且主要发生在经济水平差异程度较大的国家和地区之间。从变化趋势上看，水平型产业内贸易指数值在中国文化产品总

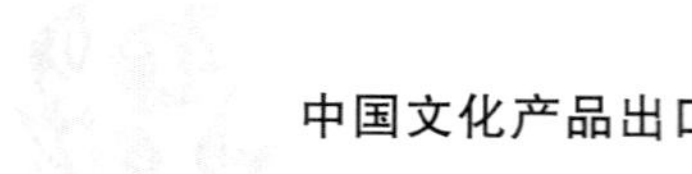

产业内贸易指数值中所占比重呈现出持续提高的态势。这表明在近十年的发展过程中，具有不同特性的同类产品贸易在增加，并且与经济发展水平相近国家或地区之间的贸易程度在加大。

表 4-8　中国文化产品 Thom 和 McDowell 产业内贸易指数值

时期	MITT	HITT	VITT
2002~2003 年	0. 57	0. 16	0. 41
2003~2004 年	0. 68	0. 11	0. 57
2004~2005 年	0. 18	0. 02	0. 16
2005~2006 年	0. 21	0. 19	0. 02
2006~2007 年	0. 62	0. 60	0. 02
2007~2008 年	0. 09	0. 02	0. 07
2008~2009 年	0. 10	0. 09	0. 01
2009~2010 年	0. 72	0. 10	0. 62
2010~2011 年	0. 18	0. 13	0. 05
2002~2011 年	0. 37	0. 16	0. 22

资料来源：UNCTAD 创意经济数据库；经笔者整理和计算。

4.5　本章小结

本章主要审视了 2002~2011 年中国文化产品出口贸易的演变及其主要特征。总的来看，自 2002 年以来，中国文化产品出口贸易呈现良好的发展势头，规模不断扩大。出口年均增长 13. 8%，贸易总额从 2002 年的 63. 5 亿美元增长到 2011 年的 187. 22 亿美元。并且，中国文化产品出口在全球文化贸易中的市场份额稳步增加，从 2002 年的 9. 18% 提升到 2011 年的 14. 87%。

从出口的产品结构来看，新媒体和视觉艺术产品占中国文化产品出口的主导。工艺品和出版物两个部门出口份额比较接近，但两者近十年来的发展趋势却表现出截然相反的态势。视听产品和表演艺术在中国文化产品出口中所占份额相当低。从出口的地理分布来看，发达国家与中国文化产品出口联系最为紧密，出口到发达国家（地区）的产品份额占文化产品总出口的73.76%，而向发展中国家的出口份额仅为26.24%。其中，出口到北美地区的文化产品份额为37.45%，欧洲地区为26.57%，亚洲地区为19.3%。从细分市场看，进口中国文化产品占中国出口额在1%以上的国家（地区）共有15个，文化产品出口贸易总额为130.09亿美元，占当年中国文化产品出口贸易总额的81.29%。美国是中国文化产品出口的最主要目的国。

HHI和TI的演变趋势表明，自2002年以来，中国文化产品出口集中度在逐渐下降。TI分解结果表明，中国文化产品出口集中度的变化主要依赖集约边际，集约边际的贡献度达93.66%，而扩展边际的贡献度只有6.34%。因此，中国文化产品出口集中度下降的最主要驱动因素是少数比较大的贸易伙伴国的数量下降，而不是出口对象的更加多元化。

在中国文化产品国际贸易中，产业内贸易和产业间贸易同时存在，并且产业内贸易整体水平较低。除其他出版物以外，其余类型文化产品贸易增量变化主要是由产业间贸易引起的。2002~2011年，中国文化产品总产业内贸易指数均值为0.37，垂直型产业内贸易指数均值为0.22，水平型产业内贸易指数均值则为0.16，说明我国文化产品产业内贸易增量主要是由垂直型产业内贸易引起的，但水平型产业内贸易在中国文化产品产业内贸易中的作用在逐渐增强。

05

中国文化产品出口贸易决定因素：基于引力模型的宏观分析

在过去几年里，文化贸易的实证研究逐渐开始涌现。Schulze（1999）首次应用引力模型对艺术品的国际贸易进行实证研究，并指出经济理论在文化产品实证研究中的可行性。Lee 和 Waterman（2007）依据母国市场模型解释了欧洲和日本文化产品在国际市场份额中不断增加的原因，他们认为，主要是国内电影需求增长缓慢所造成的。Hanson 和 Xiang（2009）则采用母国市场模型实证分析了文化折扣在美国电影产业占全球电影市场主导地位中的作用。Marvasti 和 Canterbery（2005）则应用引力模型来解释美国电影贸易占主导地位的原因。Disdier 等（2010）研究了双边文化贸易的决定因素，发现文化亲近对文化贸易会产生显著的促进作用。而 Chan-Olmsted 等（2008）研究发现，在其他条件相同的情况下，文化差异也可以对美国视觉艺术的需求起到刺激作用。

上述文献表明，发达国家是国外文化贸易领域的主要研究对象，而对发展中国家的关注较少。这些研究主要关注占据世界文化产品市场主导地位的国家对其他国家的文化产品输出，这种单向流动所得到的观点不能够完全地应用在非主导国家。此外，国内市场规模、文化折扣、文化亲近或文化差异都会对文化贸易产生显著的影响。但是，相应文献都没有解释这些因素是如何影响文化贸易的，也就是说，并没有阐明这些因素的影响机理。基于以上两点，本章重点对中国文化产品出口贸易的影响因素进行分析，以进口国作为切入点，重点分析影响文化产品贸易的需求因素，而较少关注国内供给因素。

5.1 文化贸易影响因素的理论分析

5.1.1 规模经济

研究表明，市场规模与国际贸易密切相关。Linder（1961）首先提出了本地市场效应，即具有相对更高国内需求的国家能够产生更大比例的出口。随后，本地市场效应被具有严格理论基础的“新经济地理”模型证明。Krugman（1980）研究表明，在一个存在报酬递增和贸易成本的世界中，那些拥有相对规模较大市场需求的国家将成为净出口国。他认为，产生本地市场效应的主要原因在于企业有定位于大的市场实现规模经济和减少运输成本的需要。实证研究同样支持了本地市场效应的存在（Head & Reis，2001；Hanson & Xiang，2004）。

文化产品属于差异化产品，这与经济地理模型的假设是一致的。但是，文化产品不同于一般的差异化产品，其初始生产成本很高，而复制和分配的边际成本很低，甚至可以忽略不计。Wildman 和 Siwek（1988）在研究美国媒介产品占据国际贸易市场主导地位时认为，相对更大或者更富有的国家自然倾向于拥有更大规模的电影消费需求。然而，与传统工业产品不同，文化产品的运输成本非常小，这意味着电影的生产由于不存在显著的进出口贸易成本而发生在任何地方，除非电影生产的内部或者外部规模经济非常高。也就是说，基于运输成本的本地市场优势不是导致美国或者其他主要国家占据电影生产和出口主导地位的主要原因。

对于文化产品存在本地市场效应可以从以下几个方面进行解释。首先，文化产品生产存在内部规模经济。Schulze（1999）指出，电影生产所需的固定成本非常高，但是相比而言，其复制的边际成本却很低。大型电影公司能够通过较高的制作投入、较低的复制品价格分散固定成本，做到比小电影公司更具成本优势，迫使小电影公司退出市场，赢得市场势力。

在其他文化产品生产中内部规模经济也同样适用。[①] 其次，消费存在母国偏好。在其他条件相同的情况下，消费者更加偏好以母语生产的或者能够反映他们价值观的文化产品，利用本国文化资源生产的文化产品更受消费者的偏好。消费中的文化折扣现象意味着国内市场需求更高的国家拥有更大的潜在市场。因此，文化折扣可以认为是文化贸易的一个自然壁垒（Lee，2006）。再次，在市场规模更大的国家中，文化产业可获得更高的投资和更加优质的资源，生产的文化产品质量更高，在全球市场上的竞争力更强。同时，市场规模越大，专业化程度就越高，可以带来外部规模经济，产生知识技能的溢出效应和学习效应；生产过程中的某些程序可以外包，降低企业生产成本，提高企业生产效率，使其产品在世界文化市场上获得价格、质量等方面的优势（Wildman & Siwek，1988）。最后，像电影、电视之类的文化产品具有公共品的非排他性。这意味着一个人对文化产品的消费不能排斥其他人的可获得性。一旦文化产品被创作出来，就可以被无数人消费。因此，市场规模越大，企业获得的利润就越大。

5.1.2 文化亲近

文化亲近是指消费者偏好本国生产的或者由那些具有相似文化背景的国家或地区所生产的产品（Straubhaar，2003）。文化亲近的存在主要是基于共同的历史和语言，但还受其他一些因素影响。De Sola（1977）认为，人们宁愿观看本国语言的电影，而不是加入翻译字幕的电影。Straubhaar（2003）指出，个体观众有能力说或者至少能够理解广播中的语言对观众选择并喜爱这个节目非常关键。此外，宗教信仰、服饰风格、民族种类等也可能是文化亲近的重要组成部分（Pastina & Straubhaar，2005）。因此，文化亲近是一个包括了多个维度的复杂概念。

文化亲近主要从两个方面影响文化贸易。首先，文化亲近能够降低直接和间接贸易成本。例如，当贸易双方使用相同的语言时，由于中间减少了昂贵的翻译及其他相关服务成本，从而直接降低了信息成本。在跨边界

① Schulze G. G. International Trade in Art [J]. Journal of Cultural Economics, 1999 (1-2): 109-136.

和跨语言转换过程中，文化亲近也降低了信息转换过程中的损耗。同时，如果贸易双方处于相似的司法体系和制度框架下，那么还可以直接降低法律成本。反之，如果贸易双方的文化距离很大，那么两国之间文化贸易的信息成本和法律成本都会大大增加，这都会直接影响到双边贸易份额。此外，具有相似的文化或者语言还可以更加便利地构建起商业和社会网络，克服相关合同执行过程中的信息贸易壁垒，降低间接贸易成本（Felbermayr & Toubal，2010）。

其次，文化亲近影响消费者偏好从而影响文化贸易量。由于文化产品本身蕴含着生产国的各种社会价值、信仰和风格等，因此，具有类似价值、信仰和风格的消费者能够更容易地接受和吸收进口文化产品所传递的相关信息（Edensor，2002）。在文化贸易中，文化折扣对文化消费的影响不能被低估，不仅是因为它包括了当地消费者对不同或者相似国外产品的反应，而且还直接影响消费者对这些产品的选择。如果跨国间文化相似程度较低，则会降低进口国消费者对进口文化产品的接受能力。此外，文化亲近的存在可以帮助一个国家开拓除本国市场以外的潜在需求市场，即使是本地市场规模很小，但只要存在文化相似的市场，都可以获得更大的投资，生产出更好的产品，从而在市场上竞争。例如，中国香港地区生产的电影具有较强的比较优势并取得了相对较大的成功，虽然本地市场规模相对较小，但在全球或者更大的区域范围内获得了更多的消费群体。

5.1.3 知识产权保护

知识产权保护的强弱是影响一国双边贸易成本的重要的政策和制度因素（余长林，2011）。为评估知识产权保护对行业贸易的影响，Ivus（2011）构建了一个北方创新、南方模仿的动态一般均衡模型，他认为，知识产权保护会对行业贸易产生市场势力效应、市场扩张效应、市场稀释效应及贸易条件效应四种潜在影响效应。Talor（1993）认为，当进口国加强知识产权保护水平时，将会降低出口企业用于防止当地企业模仿和复制产品方面的费用，从而增加对该国的出口；同时，出口国受到最直接的影响是其出口产品因知识产权保护的加强而具有更强的竞争力。

进口国知识产权保护程度对文化贸易更加重要。书籍、电影、音乐等产品生产的固定成本很高，这些成本往往都是沉没成本，但边际复制成本很低。在数字化时代下，数字技术对文化产品的需求、边际成本和固定成本产生了重要影响。例如，好莱坞电影是一个结合了优秀创意、先进电脑技术及视听技术的复杂综合体，生产一部优质电影的费用往往需要花费上亿美元，而复制仅仅依靠电脑键盘和鼠标就可以完成。从生产角度看，文化产品是知识密集型和技术密集型的，而复制相同的文化产品则只需满足最基本的技术能力即可。即使没有很强的知识产权保护，传统工业品由于在复制过程中也需要投入大量的资源，包括技术、知识和资金等，因而不容易被模仿，即使模仿也很难达到原来的质量水平。出口企业可以在低模仿能力国家中通过制定高价格来获得额外收益。而文化产品的生产要求高初始技术，但复制技术低，几乎在任何国家文化产品都可以被低成本地复制。因此，一个国家知识产权保护的法律制度越完善，版权保护的意识越强，越有助于降低该国的盗版水平，减少未支付的消费行为，促进文化贸易的发展。

5.1.4 全球化水平

全球化是在全球范围内的实践扩散、跨洲的关系扩张、全球范围的社会生活组织及全球共享意识的增长（Ritzer，2002）。全球化是一个动态的过程，在这个过程中，资本、信息、产品和人员在国家间流动的加快推动了全球化进程。根据文化全球化观点，全球化可能导致文化同质化、文化多样化及文化融合。文化同质化将文化全球化理解为美国化或西化，文化消费将越来越类似于主导市场。文化多样性认为，来自全球各地的国外产品供给增加将会对本国产品产生替代。文化融合认为，国内和国际文化的混合会创造出新的文化形式和产品。无论是哪种观点，都认为全球化会对一个国家的文化消费行为产生影响。

全球化对文化产品消费的影响可以从两个角度来考虑：一是全球化造成文化产品供给的增加及国家重要性的下降，因此，全球化对本国文化产品流行性起到负作用（Bekhuis et al.，2013）。也就是说，随着国家间资本、信息、商品和人员流动的增加，国内文化、国外风俗和习惯会逐渐融合，国外产品供给的增加将会对本国文化产品产生替代。同时，全球化还影响人们的生活风格，从而降低对本国的关注，并且对本国文化产品的偏好程度降低。二是从国家主义角度看，全球化可能导致国家重要性的提升，并支持更强的国家主义态度。支持国家主义的态度将导致对文化贸易保护主义和本国文化的消费的支持程度更强（Edensor，2002）。在相对弱势的社会经济地位中，全球化会培育更多的国家主义态度，产生更多的文化贸易保护主义，从而消费更多的本国文化产品，同时还认为国外文化产品会威胁本国文化安全和文化的多样性（Billiet & Meuleman，2012）。

从上述观点来看，全球化水平代表着一国的贸易开放程度。全球化水平的提升，增强了本国的贸易开放度，提高了国外文化产品的供给水平。因此，全球化可以促进文化产品的多样化，并促进国际文化贸易。但从国家主义角度看，全球化培养了国家主义态度，使人们更倾向于消费本国生产的文化产品，从而降低了对国外文化产品的需求规模，降低了文化贸易水平。

5.1.5 技术基础设施

随着信息和通信手段的不断发展，文化消费也要求技术能力的不断改善。因此，一个国家技术应用水平越高，则越有可能增强其对文化产品的需求。研究表明，技术及其相关基础设施对媒介发展和市场竞争有重要影响。通信系统，例如光纤电视，能够显著地提升消费者对电视节目的需求（Chiu & Chan-Olmsted，1999）。

技术变化影响文化消费可能有三个方面的原因：一是技术改变降低文化消费成本。更好的运输和通信技术能够让全球市场上具有物质形态的文化产品或者是数字化产品更多地流入到本国市场，运输、物流和通信等技术降低了文化消费的真实价格。二是技术改变可以增加文化消费空间，通过技术增加对更广泛文化产品和服务的可获得性。三是新技术可以诱导形成新的偏好。文化产品属于经验品，新颖的文化消费具有内在风险和价值不确定性，它依赖于各种规则、制度和市场手段来确定价值并且产生需求。然而，技术发展可以降低对新颖的文化消费风险阈值来扩展文化消费领域（Murphie & Potts，2003）。因此，一个具有更加完善技术基础设施的国家，不仅能够增加更多的内容消费，而且还会鼓励消费更加多样化的文化产品，最终会增加对国外文化产品的需求。

5.2　模型设定、变量选择和数据来源

5.2.1　计量模型设定

引力模型（Gravity Model）是经济学实证研究中最成功的模型之一。它来源于物理学中的“引力法则”，即两个物体之间的吸引力与单个物体的重量成正比，而与它们之间的距离成反比。Timbergen（1962）和Poyhonen（1963）既相互独立又几乎同时发现，两国之间的贸易量受各自国家经济发展水平和国家之间的地理距离所影响。因此，他们被公认为是最先将引力模型应用到国际贸易研究中的学者。如今，引力模型已经被广泛运用在移民、对外直接投资（FDI）、旅游及国际贸易等领域。

尽管引力模型非常流行，并且能够较好地解释国际贸易中的一些经济现象，但前期由于缺乏理论基础而受到广泛的批评和质疑。因此，在最初的几十年里，其并未引起经济学家的广泛关注。自20世纪70年代以来，一些经济学家才开始逐渐关注引力模型的理论问题。Anderson（1979）首先为引力模型提供了一个较强的理论基础。他假设各个国家都有统一的柯布—道格拉斯（Cobb-Douglas）生产函数及不变替代弹性（CES）偏好函数，并且贸易品和非贸易品的效用函数是弱可分的。因此，收入约束下的效用最大化给定的贸易品份额只是贸易品价格的函数，并且跨部门间的价格是不变的。利用份额和贸易平衡一致性关系，国家j从国家i的进口额就包括在内。然后假设收入和人口份额的线性函数，进口总量的引力方程就可以获得。当然，Anderson也考虑了收入的内生性问题，利用工具变量提出了两种可供选择的解决方案。

Anderson（1979）的分析建立在加总水平基础上，而Bergstrand（1989）在世界贸易的一般均衡框架下推导出引力模型的微观基础。他认为，引力模型是需求和供给系统的一般均衡方程的简化形式。每个国

家的贸易需求模型由进口国的收入约束下不变替代弹性效用函数推导而出，贸易供给模型由出口国的企业利润最大化的不变转移弹性生产函数推导所得。当贸易需求等于供给时，引力模型就可以从市场均衡中得出。Bergstrand（1985）的模型是世界贸易的一般均衡模型，后来 Bergstand（1989）进一步地将 Dixit 和 Stieglitz（1977）提出的垄断竞争模型纳入模型分析中。

此外，Helpman 和 Krugman（1985）基于规模报酬递增的差异化产品分析框架来证明引力模型。Eaton 和 Kortum（1997）从李嘉图模型中推导出引力模型，而 Deardorff（1997）证明了引力模型的一般形式可以从不需要假设产品差异化的 H-O 模型中推导得出。Evenett 和 Keller（1998）认为，标准引力模型可以从李嘉图模型、H-O 模型、规模报酬递减模型推导出。Anderson 和 Wincoop（2003）在 CES 偏好下的一般均衡模型中推导出简单的引力模型。Helpman 等（2008）和 Chaney（2008）从异质性企业的差异化产品国际贸易理论模型中推导出引力模型。

在引力模型中，贸易流量由出口国 i 和进口国 j 的经济规模（GDP）及地理距离所解释，其基本形式可以表述为：

$$T_{ij} = \frac{A\,(GDP_i \times GDP_j)^{r_1}}{D_{ij}^{r_2}} \tag{5-1}$$

其中，T_{ij}代表出口国 i 对进口国 j 的贸易流量；GDP_i 和 GDP_j 分别代表出口国 i 和进口国 j 的 GDP；D_{ij}代表两个国家之间的距离；A 代表常数。通过对引力模型进行对数变化，可以得到其线性形式：

$$Log(T_{ij}) = r_0 + r_1 log(Y_i) + r_2 log(Y_j) + r_3 log(D_{ij}) \tag{5-2}$$

式（5-2）是引力模型转化为计量模型的基本形式。然而，还有许多其他因素影响国家之间的贸易水平，如是否是贸易协定国、是否共享相同的语言及是否接壤等。通过增加这些虚拟变量可以测量某一特定因素对贸易流量的影响。

$$Log(T_{ij}) = r_0 + r_1 log(Y_i) + r_2 log(Y_j) + r_3 D_{ij} + \sum_{s=1}^{p} \lambda_s G_s \tag{5-3}$$

通过扩展经典引力模型，并在考虑文化贸易影响因素的理论分析基础上，本章构建出以下方程：

$$ln(T_{ijt}) = r_0 + r_1 ln(CULTURE_{it}) + r_2 ln(GDP_{jt}) + r_3 ln(POPC_{it}) +$$

$$r_4\ln(POP_{jt}) + r_5\ln(D_{ij}) + r_5CD_{ij} + r_6IPR_{jt} + r_7KOF_{jt} + r_8PHONE_{jt} + r_9IE_{jt} + \sum_{s=1}^{p}\lambda_sG_s + u_{ijt} \quad (5-4)$$

其中，被解释变量 T_{ijt} 代表 t 时期中国到贸易伙伴国的 j 文化产品的出口额；$CULTURE_{it}$ 代表 t 时期中国文化产业增加值；GDP_{jt} 代表 t 时期中国的贸易伙伴国 j 的国民经济总量；$POPC_{it}$ 代表 t 时期中国的总人口；POP_{jt} 代表同时期贸易伙伴国 j 的人口规模；D_{ij} 代表中国与贸易伙伴国之间的地理距离；CD_{ij} 代表两国之间的文化距离；IPR_{jt} 代表 t 时期贸易伙伴国 j 的知识产权保护强度；KOF_{jt} 代表 t 时期贸易伙伴国的文化全球化发展水平；$PHONE_{jt}$、IE_{jt} 分别代表 t 时期贸易伙伴国的固定电话和移动电话的普及率及互联网覆盖率；$\sum_{s=1}^{p}\lambda_sG_s$ 代表一系列的虚拟变量，包括是否拥有共同的边界、是否拥有共同的语言、是否属于儒家文化圈等，以及年份因素；u_{ijt} 代表随机干扰项。

5.2.2 主要变量定义

在理论分析的基础上，结合计量模型，本章选择的解释变量除国内生产总值、距离因素等变量外，增加了测度文化距离、全球化水平、知识产权保护及技术基础设施的变量。

5.2.2.1 经济规模

国内生产总值不仅反映了在一定时期内一个国家生产的各种最终产品和服务的价值，而且也反映了该国的经济规模。一般来说，国内生产总值越大，则代表该国的潜在供给和需求能力越强。由于本章研究的是文化产业单个行业的出口贸易，因而不应以中国的国内生产总值来衡量文化产品的潜在供给能力。因此，本章选择文化产业增加值（CULTURE）作为中国市场规模的替代变量。文化产业规模越大，则中国的文化出口贸易量可能就越大。

在反映进口国或地区的市场规模时，本章则采用其国内生产总值（GDP）来衡量。进口国 GDP 对中国文化产品出口影响效应难以事先预测。一方面，进口国的经济规模越大，则更加富裕的消费者对国外文化产

品的需求就越大；另一方面，进口国经济规模越大，则越有能力生产属于本国的文化产品，从而更好地实现产品的自我满足，降低对国外文化产品的需求。

5.2.2.2 人口规模

人口规模（POP）也可以作为市场规模、潜在消费能力及经济多样性程度的代理变量（Linnemann，1996）。一个国家人口规模越大，该国越可能产生更加多样化的消费需求，因此，预期进口国的人口规模会对文化贸易产生正向影响。而对于出口国来说，人口规模的增长使文化产品的供给更加多样化，但企业更可能将产品投放在本国市场，而不是加大产品的出口力度。

5.2.2.3 文化距离

本章采用文化距离（CD）来衡量国家间的文化亲近程度。文化距离反映了两个贸易国之间享有的相同或相似的标准和价值观的程度。文化距离小，两国间享有相同或相似的价值观，则文化认可度高，相应的文化产品折扣程度就会低；文化距离大，则表示很难理解、掌握及预测对方的行为，不仅会带来较高的贸易成本，同时也会增加文化折扣，从而降低两国间的文化贸易可能性（Linders，2006；曲如晓和韩丽丽，2010）。

Hofstede（2004）提出的Hofstede文化指数可以用来衡量国家间的文化距离。Hofstede文化指数包含了65个国家的权力距离（Power Distance）、不确定性规避（Uncertainty Avoidance）、个人主义和集体主义（Individualism vs. Collectivism）、男性气质和女性气质（Masculinity vs. Femininity）等维度。其中：权力距离（PDI）指社会群体内人际间的平等或不平等程度，即一个国家内机构和组织中权力较弱的成员期望和接受权力分配不平均的程度。不确定性规避（UAI）指对于确定性的偏好程度，亦即一种文化的成员感到不确定和未知的情况的威胁的程度。个人主义和集体主义（IDV）指个体或集体取向的程度，范围从个体间的联系很松散的社会到人从出生开始就被纳入强大的一体化的凝聚力的社会。男性气质和女性气质（MAS）指男性与女性的相对影响力程度，范围从社会性别角色有明显不同的社会到社会性别角色有所重叠的社会。①

在国际贸易研究文献中，Hofstede 提出的文化指数已经被频繁地应用到国家间的文化差异上，并且在实践中取得了较好的效果（Tihanyi，Griffith 和 Russell，2005）。Kogut 和 Singh（1988）基于 Hofstede 文化指数中的四个维度的离差发展了文化距离综合指数，并将这一指数扩展到四个维度的函数表达式：

$$CD = \frac{\sum_{d=1}^{4}[(I_{di} - I_{dj})^2 / V_d]}{4} \tag{5-5}$$

其中，I_{di}和I_{dj}分别代表第 i 个国家和第 j 个国家在第 d 个维度上的测度值。其中，d 包括权力距离、个人主义、男性气质和不确定性规避四个维度。I_{di}和I_{dj}之间的差异（$I_{di}-I_{dj}$）代表第 i 个国家和第 j 个国家在第 d 个文化维度值的不一致程度。V_d 代表所讨论的国家或地区第 d 个文化维度上的值所构成的指数的方差。最后，通过对四个维度值的加总平均就可以得到文化距离综合指数，反映了两个国家之间的文化差异。

5.2.2.4　知识产权保护强度

目前，测量知识产权保护强度（IPR）的方法主要有：Ginarte 和 Park（1997）构建的知识产权保护指数；全球竞争力报告公布的知识产权保护强度；采用是否加入世界知识产权组织的版权保护条款这一虚拟变量来衡量其对文化贸易的影响。结合本章的研究范围及数据可获得性，本章选取 Ginarte 和 Park（1997）构建的知识产权保护指数来测算各国知识产权保护强度的大小，他们将知识产权保护分成五个方面——保护的覆盖范围、加入相关国际专利协定的情况、权利丧失的保护、执法措施、保护期限，并根据决定每个方面有效强度的多种因素分别评分，最后加总得到一个 0~5 的国家评分。② 该指数越大，表示知识产权保护力度越强。GP 指数方法被认为是测定知识产权保护最具有代表性的方法，因此得到了广泛的应用。Park（2008）在 Ginarte 和 Park（1997）的基础上对各国知识产权保护强

① 曲如晓，韩丽丽．中国文化商品贸易影响因素的实证研究［J］．中国软科学，2010（11）：19-31.

② 余长林．知识产权保护与发展中国家的经济增长［J］．厦门大学学报（哲学社会科学版），2010（2）：51-57.

度进行了拓展和延伸，并增加了2005年的数据，这为本章的研究奠定了良好的基础。

5.2.2.5　全球化水平

在前文分析中，文化全球化会产生文化同质化、文化多样化及文化杂交，可能会影响本土文化身份和形态，进一步对文化贸易产生影响。因此，本章选择Dreher（2006）提出的KOF指数来衡量一个国家的文化全球化水平。该指数提供了1970~2011年包括了全球绝大部分国家的全球化水平，并分成经济、社会和政治三个维度。尽管其他一些学者也尝试建立了系统的测量全球化的指标（Kearney，2005），但无论是在地理分布上还是在时间长度上，KOF指数的覆盖面都是最广的。

5.2.2.6　技术基础设施

本章使用了Chan-Olmsted等（2008）提出的采用固定电话和移动电话普及率（PHONE）及互联网普及率（IE）两个变量作为东道国技术基础设施的代理变量。固定电话和移动电话普及率表示一个国家每百人固定电话和移动电话拥有量。互联网普及率表示一个国家每百人的互联网使用者数量。固定电话和移动电话普及率及互联网普及率都可以反映东道国的技术应用水平。但变量互联网普及率、变量固定电话和移动电话普及率这两个变量对文化贸易的影响可能是不同的。互联网会对一国居民对外国文化产品的需求产生两方面影响：一方面，随着互联网普及程度的提高，人们可以更方便地通过互联网了解国外的文化，从而增加对国外文化产品的消费需求；另一方面，互联网普及程度的提高，使人们可以更便捷地从互联网上获取国外的文化产品，并且复制进口文化产品变得更为容易，可能降低对国外文化产品的进口。

5.2.2.7　地理距离

在传统产品的国际贸易中，地理距离（DIST）通常被用来作为国家间贸易成本的重要测度指标，并且与产品的贸易流存在显著的负相关。但是，考虑到文化产品的特性与传统产品的差异性，地理距离对文化产品的国际贸易并不是那么重要，但本章依然保留地理距离这一变量，来考察距离因素是否会对文化产品贸易产生影响。

5.2.2.8 边界

如果与中国存在共同的边界（BORDER），则该变量为1，否则为0。

5.2.2.9 共同的语言

如果与中国有着共同的语言（LANG），则该变量为1，否则为0。

5.2.2.10 儒家文化圈

中国传统儒家文化对周边国家和地区的辐射影响由来已久，形成了一个以中国大陆、中国台湾、中国香港、日本、韩国等东亚国家和地区为主体的“儒家文化圈”[①]。中国与“儒家文化圈”中其他国家或地区的文化存在一些相似之处，因而可能影响中国文化产品在这些国家或地区的出口贸易量。参考叶德珠和连玉君（2012）的划分范围，“儒家文化圈”（CONFU）中的国家或地区包括中国香港、印度尼西亚、日本、韩国、马来西亚、菲律宾、新加坡、泰国和越南，如果属于以上国家或地区，则设定该变量为1，否则为0。

通过以上对被解释变量和主要解释变量的阐述，本章将所检验的各个变量及其预期结果归纳在表5-1中。

表5-1 各变量预期结果

解释变量	含义	预期符号	单位
Total	文化产品出口贸易额		万美元
Celebrat	工艺品出口贸易额		万美元
Publishing	出版物出口贸易额		万美元
Visualarts	视觉艺术出口贸易额		万美元
Media	新媒体出口贸易额		万美元
CULTURE	中国的文化产业增加值	+	亿元
GDP	进口国的名义国内生产总值	待定	十亿元
POPC	中国人口规模	待定	亿人

① 关于对儒家文化圈的论述，详见：叶德珠，连玉君，黄有光等．消费文化、认知偏差与消费行为偏差［J］．经济研究，2012（2）：80-92.

续表

解释变量	含义	预期符号	单位
POP	进口国人口规模	+	亿人
CD	中国与进口国间的文化距离	-	
IPR	进口国知识产权保护强度	+	
KOF	进口国文化全球化指数	+	
PHONE	进口国电话普及率	+	%
IE	进口国互联网普及率	待定	%
DIST	地理距离	-	千米
BORDER	是否与中国接壤	+	虚拟变量
LANG	是否与中国拥有共同的语言	+	虚拟变量
CONFU	是否处于儒家文化圈	+	虚拟变量

5.2.3 相关数据说明

本章的被解释变量是中国文化产品出口贸易额，旨在考察文化产品出口贸易的决定因素。除了从总体层面上检验影响中国文化产品出口贸易的决定因素，本章还拟对文化产业进行细分，考察各行业出口贸易影响因素的差别。在第 4 章的研究中，将中国文化贸易的相关行业分为工艺品、视听产品、新媒体、表演艺术、出版物、视觉艺术。但是，由于中国在视听产品和表演艺术上的出口规模非常小，并且在许多国家的出口流量为零值，因此，本章只考虑工艺品、新媒体、出版物和视觉艺术四个子行业。

考虑到与中国存在文化贸易国家的相对重要性及数据可获得性，本章选取 2002~2011 年中国与 45 个贸易伙伴国或地区的文化产品贸易量及各个解释变量的面板数据对中国文化产品出口贸易决定因素进行实证分析。这 45 个国家或地区分别是阿根廷、澳大利亚、奥地利、比利时、巴西、加拿大、智利、哥伦比亚、捷克、丹麦、埃及、芬兰、法国、德国、希腊、中国香港、匈牙利、印度、印度尼西亚、爱尔兰、以色列、意大利、日本、韩国、马来西亚、墨西哥、摩洛哥、荷兰、新西兰、挪威、巴基斯坦、秘鲁、菲律宾、波兰、葡萄牙、俄罗斯、新加坡、南非、西班牙、瑞典、瑞士、泰国、土耳其、英国、美国，这些贸易伙伴国遍布亚洲、欧洲、美洲、非洲、大洋洲。最终样本容量为450个观测值，个别年份缺失的数据通过对该指标的前后数据进行加权平均获得。

中国文化产品出口贸易流量数据来源于联合国创意产业数据库①；中国文化产业增加值来源于中国文化部②；样本中各个国家或地区的国内生产总值和人口规模均来自国研网中的世界银行数据库③；地理距离、边界和共同的语言等变量的数据来源于国际前瞻及信息研究中心数据库④；文化指标的资料来源于霍夫斯泰德教授的官方网站⑤；文化全球化数据来源于 http：//globalization. kof. ethz. ch/；固定电话和移动电话普及率、互联网普及率两个指标数据来源于国际货币基金组织（IMF）数据库。

表5-2汇报了主要变量的描述性统计。由表中所示的描述性统计结果可以发现，中国文化产品出口贸易额的平均值为252. 13百万美元，其中，工艺品出口贸易额的平均值为34. 84百万美元，出版物出口贸易额的平均值为34. 37百万美元，视觉艺术出口贸易额的平均值为73. 76百万美元，新媒体产品出口贸易额的平均值为109. 71百万美元，说明各行业之间的贸易差别程度较大。

表5-2　主要变量的描述性统计

变量	观测值	平均值	标准差	最小值	最大值
Total	450	252. 13	748. 63	0. 10	6836. 80
Celebrat	450	34. 84	114. 71	0. 03	1091. 89
Publishing	450	34. 37	111. 29	0. 01	790. 11
Visualarts	450	73. 76	210. 91	0. 25	2397. 03
Media	450	109. 71	364. 85	0. 01	3350. 20

① http：//unctadstat. unctad. org/ReportFolders/reportFolders. aspx.

② http：//www. ccnt. gov. cn/.

③ http：//edu-data. drcnet. com. cn/web/.

④ http：//www. cepii. fr.

⑤ http：//www. geert-hofstede. com/hofstede_ dimensions. php.

续表

变量	观测值	平均值	标准差	最小值	最大值
CULTURE	450	6531. 60	3450. 43	2900. 00	13479. 00
GDP	450	1084. 77	2092. 66	85. 98	15533. 83
POPC	450	1317. 08	20. 01	1284. 53	1347. 35
POP	450	1406. 07	5597. 95	3. 92	41641. 76
CD	450	1. 67	1. 40	0. 09	5. 03
IPR	450	4. 04	0. 64	1. 86	4. 88
KOF	450	72. 76	14. 89	19. 55	92. 72
PHONE	450	35. 16	19. 13	2. 43	74. 3
IE	450	46. 92	26. 94	1. 54	94
DIST	450	8278. 93	4204. 66	955. 65	19297. 47
BORDER	450	0. 08	0. 28	0	1
LANG	450	0. 06	0. 24	0	1
CONFU	450	0. 17	0. 38	0	1

在样本期内，中国文化产业增加值的平均值为 6531. 6 亿元；贸易伙伴国的 GDP 平均值为 1084. 77 亿美元；中国贸易伙伴国的文化距离最大值达 5. 03，最小值则为 0. 09，平均值为 1. 67，表明贸易伙伴国之间的文化距离具有显著差异；知识产权保护力度最大值达到 4. 88，最小值仅为 1. 86，平均值为 4. 04；全球化水平最大值为 92. 72，最小值为 19. 55，平均值为 72. 76；固定电话和移动电话覆盖率平均值为 35. 16，互联网覆盖率的平均值为 46. 92。在其他虚拟变量中，变量边界的平均值为 0. 08，变量拥有共同语言的平均值为 0. 06，变量儒家文化圈的平均值为 0. 17，这些变量都反映了样本中与中国具有相似背景的国家在样本中的比例较小。

由于本章的计量模型包括了多个解释变量，为避免变量之间存在相关性，本章对全部解释变量进行 Pearson 相关性系数检验。表 5-3 报告了解释变量的 Pearson 相关系数检验结果。结果表明，除了 POPC 与 CULTURE 之间的相关性系数为 0. 74，以及 PHONE 和 IE 的相关性系数为 0. 73 以外，其他各个变量之间的相关性系数都在 0. 7 以下，这表明解释变量之间的相关性并不严重。

表 5-3 解释变量的 Pearson 相关系数

变量	CULTURE	GDP	POPC	POP	DIS	CD	IPR	KOF	PHONE	IE	BORDER	LANG
GDP	0.06	1										
POPC	0.74*	0.06	1									
POP	-0.25	-0.05	-0.4	1								
DIST	0.00	0.02	0.00	-0.03	1							
CD	0.00	0.08	0.00	0.10*	-0.05	1						
IPR	0.12*	-0.06*	0.14*	-0.15*	-0.05	-0.03	1					
KOF	0.05	-0.03	0.06	0.08	-0.16	0.62*	-0.05	1				
PHONE	-0.06	0.18*	-0.07	0.15*	-0.15	0.57*	-0.06*	0.65*	1			
IE	0.34*	0.13*	0.36*	-0.06	-0.16	0.67*	-0.00	0.67*	0.73*	1		
BORDER	0.00	0.04	0.00	-0.02	-0.32	-0.25	0.03	-0.35	-0.19	-0.26	1	
LANG	0.00	-0.1	0.00	-0.01	-0.29	-0.26	0.02	0.01	0.05	0.11*	0.22*	1
CONFU	0.00	-0.02	0.00	-0.03	-0.56	-0.37	0.05	-0.25	-0.12	-0.05	0.05	0.57*

注：*表示在5%水平下显著。

5.3 中国文化产品出口决定因素的实证结果

本章采用静态面板数据模型。面板数据模型适用于对不同时刻的多个截面个体做连续观察所得到的多维时间序列数据，通常含有很多的数据点，会提高自由度，并降低解释变量间存在的共线性问题，从而大大增强估计的有效性。而且截面变量和时间变量的结合信息能够有效地提高短期时间序列动态模型估计的准确性。① 静态面板数据的估计方法主要有固定效应模型和随机效应模型，依据 Hausman 检验来确定采用哪一种。

通过对模型进行 Hausman 检验，结果支持随机效应的假设。除 Hausman 检验结果支持随机效应的假设外，本章选择随机效应模型还考虑到以下几个方面原因：由于本章不是为了估计有限样本中国家之间的差异，而是为了推测中国文化产品在国际市场上出口贸易影响因素的总体特征，因而假设国家间的影响是随机的合乎逻辑。随机效应模型在总体层面的推断是无条件的，而固定效应模型主要关注样本中的特定个体。同时，本章研究的数据对于固定效应模型不适用。固定效应模型不能检验不随时间变化的变量，如地理距离、文化距离等。固定效应模型还会导致自由度的较大损失，除非截面单元比较小（Gujarati，2003）。因此，Hausman 检验结果并不出乎意料。

5.3.1 总体层面实证结果分析

表 5-4 报告了面板数据随机效应的估计结果。模型 1 只采用标准的引力模型进行回归分析。模型 2 至模型 5 是逐步加入文化距离、知识产权保护强度、文化全球化及技术基础设施变量后的回归结果。可以看出，模型中主要变量具有较强的稳健性，并且拟合程度也处于较高水平。各变量回归系数及其解释如下：

---

① 陈卫平，侯晓霞，王长春．中国加工食品产业内贸易的发展现状与决定因素分析［J］．管理世界，2004（9）：9-12.

表 5-4　中国文化产品总体层面出口影响因素的随机效应结果

变量	(1)	(2)	(3)	(4)	(5)
lnCULTURE	0.574***	0.607***	0.599***	0.651***	0.836***
	(0.068)	(0.068)	(0.068)	(0.066)	(0.082)
lnGDP	1.823***	1.797***	1.798***	1.594***	1.534***
	(0.123)	(0.120)	(0.121)	(0.117)	(0.121)
lnPOPC	0.110	-0.616	-0.621	-1.161*	-1.271*
	(0.689)	(0.732)	(0.734)	(0.670)	(0.676)
lnPOP	0.006	0.006	0.006	0.009	0.007
	(0.012)	(0.012)	(0.012)	(0.012)	(0.012)
lnDIST	-1.262**	-0.776	-0.775	-0.436	-0.485
	(0.516)	(0.535)	(0.537)	(0.482)	(0.488)
CD		-0.327**	-0.327**	-0.214*	-0.260*
		(0.143)	(0.144)	(0.130)	(0.133)
IPR			0.022	0.026	0.024
			(0.018)	(0.018)	(0.018)
KOF				0.023***	0.024***
				(0.007)	(0.007)
PHONE					0.005*
					(0.003)
IE					-0.008***
					(0.002)
BORDER	-1.534**	-0.761	-0.762	0.023	-0.033
	(0.746)	(0.782)	(0.784)	(0.721)	(0.729)
LANG	3.913***	3.604***	3.605***	2.615***	2.671***
	(0.934)	(0.899)	(0.901)	(0.833)	(0.844)
CONFU	-2.090**	-1.001	-1.002	-0.190	-0.179
	(0.879)	(0.959)	(0.962)	(0.875)	(0.884)
YEAR	控制	控制	控制	控制	控制
观测值	450	450	450	450	450
R^2	0.885	0.885	0.885	0.885	0.886

注：***、**和*分别表示在1%、5%和10%水平下显著，括号内为标准误；被解释变量是中国文化产品出口贸易额。

（1）规模经济对中国文化产品出口的影响。从出口国层面看，lnCULTURE 在 1%水平下通过了显著性检验，并且相关系数为 0.836，该结果说明中国文化产业规模越大，则越能促进文化产品出口贸易发展。也就是说，文化产业母国市场规模越大，则该国文化产品出口贸易额越高，这一结果与 Schulze（1999）及 Hanson 和 Xiang（2009）等的研究结果是一致的。同时，lnGDP 的系数在 1%水平下显著为正，其相关系数为 1.534，远远大于 lnCULTURE 的 0.836。这说明进口国的经济规模对于中国文化产品的出口是至关重要的。这与 Fu 和 Sim（2010）的研究结果类似，他们认为，进口国的收入水平越高，则对国外文化产品的需求越高，反映出经济繁荣助推一个社会对国外文化内容的需求欲望。

但是，代表中国人口规模的变量 lnPOPC 虽然通过了 10%水平的显著性检验，但是其符号为负，这与 lnCULTURE 对文化产品出口贸易的影响相反。可能的解释是本国人口规模越大，则企业更倾向于在国内销售文化产品，并且由于文化产品具有消费不确定性，使文化企业缺乏“走出去”的激励。此外，进口国的人口规模对中国文化产品出口的影响不显著。

（2）文化亲近对中国文化产品出口的影响。在模型 1 中，当只考虑地理距离及其他虚拟变量时，地理距离对中国文化产品出口的影响在 5%水平下显著为负。但是，当在模型 2 至模型 5 中加入文化距离变量后，地理距离则变得不显著。而文化距离在 10%水平下显著为负，相关系数为-0.26。与文化距离相比，地理距离对中国文化产品出口贸易的影响并不重要。显然，在不考虑其他因素条件下，与中国文化距离越大的国家，与中国文化产品贸易量越少。其中需要特别指出的是，为什么中国与美国的文化距离较大，而美国是中国的主要贸易伙伴呢？我们认为，相对于经济规模来讲，文化距离对中国文化产品出口的影响就显得没那么重要了。

（3）知识产权保护对中国文化产品出口的影响。在模型 3 至模型 5 中，我们加入了知识产权保护强度变量，虽然进口国的知识产权保护强度对中国文化产品出口贸易具有正向效应，但并没有通过显著性检验。这意味着贸易伙伴国的知识产权保护强度对中国文化产品出口贸易的作用不明显，可能是因为目前中国出口的文化产品主要还是相关文化产品，即主要以文化制造品为主，而类似电影、音乐、书籍、电视剧等核心文化产品的出口规模还非常小，因而进口国的知识产权保护强度对文化贸易的影响较为有限。

（4）全球化对中国文化产品出口的影响。模型4至模型5中加入了反映一个国家全球化程度的KOF指数。从回归结果看，KOF指数对中国文化产品出口贸易具有显著的正向效应，其系数为0.024，并且通过了1%水平的显著性检验。因此，一个国家的全球化程度越高，不仅代表该国的贸易开放程度越高，而且更反映了其对国外文化的接受程度和能力越强，因而居民更加偏好消费多样性的文化产品，从而增加文化产品的进口。

（5）技术基础设施对中国文化产品出口的影响。在模型5中，作为东道国技术基础设施代理变量的PHONE和IE分别通过了10%和1%水平下的显著性检验，而两者的符号相反。固定电话和移动电话覆盖率PHONE的回归系数为0.005，表明一个国家技术基础设施越成熟，则可能消费越多的文化产品，包括国内的和国外的。但互联网覆盖率IE的回归系数为-0.008，表明在数字化时代下，一个国家的居民可能更多地通过网络获取电子化文化产品，从而间接降低了对进口文化产品的需求。

（6）其他三个虚拟变量对中国文化产品贸易的影响并不一致。拥有相同的语言对于两国间的文化贸易具有显著的促进作用，虚拟变量LANG在1%显著性水平下通过了检验，并且显著为正。文化距离CD和LANG的Pearson相关系数为-0.26，因而，较小的相关系数不会影响语言对文化产品贸易的重要性。即使其中一个变量从回归模型中剔除，也不会导致另一个变量结果的偏离。而虚拟变量是否拥有共同边界和是否同属儒家文化圈对文化贸易没有显著的影响。

5.3.2　分行业实证结果分析

上文从总体层面分析了影响中国文化产品出口贸易的主要因素。但是，由于文化产业的门类十分复杂，不同行业的产品和市场特征也存在差异，因而不同行业出口的影响因素也是不同的。因此，本章进一步将文化产业细分为工艺品、视听产品、新媒体、表演艺术、出版物、视觉艺术。但是，由于中国在视听产品和表演艺术上的出口规模非常小，并且在许多国家的出口量为零值，因此本章只选取工艺品、新媒体、出版物、视觉艺术这四个子行业的出口贸易数据进行进一步考察。表5-5报告了基于不同

行业出口贸易影响因素的随机效应估计结果。结果表明，影响不同行业出口贸易的因素存在共性和特性。

表 5-5　中国文化产品分行业出口贸易影响因素的随机效应估计结果

变量	工艺品	新媒体	出版物	视觉艺术
	(6)	(7)	(8)	(9)
lnCULTURE	0. 780***	1. 352***	1. 427***	0. 655***
	(0. 150)	(0. 335)	(0. 180)	(0. 112)
lnGDP	1. 340***	1. 399***	1. 030***	1. 356***
	(0. 168)	(0. 324)	(0. 217)	(0. 144)
lnPOPC	-3. 009***	-4. 397***	-3. 069***	-1. 437*
	(0. 867)	(1. 658)	(1. 128)	(0. 756)
lnPOP	-0. 004	0. 058	-0. 045	-0. 024
	(0. 025)	(0. 057)	(0. 029)	(0. 018)
lnDIST	0. 648	1. 146	0. 306	-0. 171
	(0. 610)	(1. 149)	(0. 799)	(0. 539)
CD	-0. 050*	-0. 022***	-0. 160**	0. 008
	(0. 03)	(0. 008)	(0. 04)	(0. 004)
IPR	0. 004	0. 009	0. 035	0. 012
	(0. 036)	(0. 084)	(0. 043)	(0. 026)
KOF	0. 037***	0. 022	0. 013	0. 017*
	(0. 013)	(0. 027)	(0. 016)	(0. 010)
PHONE	0. 006	-0. 012	-0. 003	0. 001
	(0. 006)	(0. 014)	(0. 008)	(0. 005)
IE	-0. 005	0. 002	0. 012**	-0. 006*
	(0. 004)	(0. 010)	(0. 005)	(0. 003)
BORDER	-0. 257	0. 163	0. 120	-0. 986
	(0. 922)	(1. 747)	(1. 205)	(0. 810)
LANG	1. 113	0. 113	0. 268	1. 952**
	(1. 074)	(2. 040)	(1. 402)	(0. 942)

续表

变量	工艺品	新媒体	出版物	视觉艺术
	(6)	(7)	(8)	(9)
CONFU	0.079 (1.109)	2.047 (2.091)	0.781 (1.451)	-0.803 (0.978)
YEAR	控制	控制	控制	控制
观测值	450	450	450	450
R^2	0.619	0.519	0.847	0.711

注：***、**和*分别表示在1%、5%和10%水平下显著，括号内为标准误；被解释变量是中国文化产业子行业出口贸易额。

（1）中国文化产业规模对四个行业的出口都有显著的正向影响，但影响程度差别较大。其中，lnCULTURE对出版物和新媒体出口的影响系数远远大于1，分别达到1.427和1.352，而对视觉艺术和工艺品出口的影响系数分别仅为0.655和0.780，最大值和最小值差距0.722。对于新媒体和出版物这些具有高沉没成本、低边际复制成本的文化产品，母国市场效应对其产品出口更为显著。同时，进口国经济发展水平对四种产品的出口都具有显著的影响，并且这种影响效应较为接近。

中国人口规模对四个行业出口的影响显著为负，并且系数都通过了显著性检验。但是，国内人口规模对新媒体、出版物和工艺品的负面影响更大，对视觉艺术产品出口贸易的影响相对较小。此外，进口国人口规模对各类文化产品的出口贸易影响都不显著。

（2）文化距离对四个行业出口的影响差别较大。文化距离对工艺品、新媒体和出版物具有显著的负向影响，并且这种负向影响对出版物最大；但是，文化距离对视觉艺术出口贸易的影响为正，虽然没有通过显著性检验，但依然可以认为两国之间的文化差异可能促进视觉艺术产品的出口。

（3）进口国知识产权保护水平IPR对中国各类文化产品出口都没有显著的影响。

（4）全球化水平虽然对四种产品的影响都为正，但只有工艺品和视觉艺术的系数通过了显著性检验。

（5）技术基础设施的变量PHONE对中国各类产品的出口都不存在显

著的相关关系；IE 则对出版物和视觉艺术的出口存在显著的相关性，但这种相关性在两种产品中是相反的。

5.4 本章小结

本章主要是识别影响中国文化产品出口的宏观因素。在探讨规模经济、文化亲近、知识产权保护、全球化水平及技术基础设施等因素影响文化贸易的机理上，通过扩展引力模型，采用 2002~2011 年中国与 45 个贸易伙伴国的文化产品贸易量，采用面板数据随机效应估计模型对中国文化产品出口贸易决定因素进行实证检验。

总体上看，中国文化产业规模对文化产品出口具有显著的促进作用，进口国经济规模对中国文化产品出口也具有显著的正向影响，这意味着经济繁荣助推一个社会对国外文化内容的需求欲望（Fu & Sim，2010）。与文化距离相比，地理距离对中国文化产品出口贸易的影响并不重要。贸易伙伴国的知识产权保护强度对中国文化产品出口的作用并不明显。进口国的全球化水平对中国文化产品出口具有显著的促进作用，这表明一个国家全球化程度越高，居民越偏好消费多样性的文化产品。进口国的技术基础设施也显著地影响文化贸易的发展，但互联网覆盖率越高，则一国居民越可能更多地通过网络获取电子化文化产品，间接降低了对进口的需求。分行业看，中国文化产业规模对出版物和新媒体出口的影响系数大于对视觉艺术和工艺品出口的影响系数，而进口国经济发展水平对四种产品的出口影响基本相同。国内人口规模对新媒体、出版物和工艺品的负面影响更大，对视觉艺术产品出口贸易的影响相对较小。文化距离对工艺品、新媒体和出版物具有显著的负向影响，对视觉艺术出口贸易的影响不显著。互联网普及率对出版物和视觉艺术的出口存在显著的相关性，但这种影响效应是相反的。

06

中国文化产品出口变动成因：基于CMSA的微观分析

在第5章中，我们利用引力模型从宏观角度分析了中国文化产品出口贸易量和贸易流向的主要影响因素。但是，从宏观层面得出的结论只能反映整体特征，不能反映出各个细分市场自身的特点。因此，只有进一步从微观角度对中国文化产品出口变化的成因进行探讨，才能更加深入和全面地反映出中国文化产品的出口增长，以此采取针对性的策略，扩大中国文化产品的出口。

恒定市场份额分析模型（Constant Market Share Analysis，CMSA）最早可追溯到 Tyszynski（1951），现已成为国际贸易研究中的重要方法。Amador 和 Cabrial（2008）曾利用恒定市场份额分析模型来估计欧洲国家出口的竞争力和结构效应变化对市场份额的影响。Munnik 等（2012）运用 CMSA 模型分析了加拿大产品出口在全球市场中的表现。然而，国内对产品出口的分析主要运用传统的 CMS 模型，并主要分析农产品的出口贸易（温思美和苏国宝，2012），唯一利用 CMSA 模型来研究出口的文献则是针对中国的高科技产品（张秋利，2013）。

6.1 模型和数据

6.1.1 CMSA 模型

CMSA 模型是一种可以对一段时期内给定国家的整体或者世界出口市场份额进行事后核算的方法。它可以将给定国家出口市场份额分解成三个组成部分，从中推导出占世界出口市场份额绝对值变化或者增长率变化的结果。Tyszynski（1951）首次将 CMSA 模型应用到国际贸易流的研究中。

此后，CMSA 模型逐渐成为从贸易视角解释一国出口产品市场份额变化的主流模型，是研究对外贸易增长源泉和出口产品国际竞争力趋势的重要模型之一，在国际上被广为采用。[①] 自 CMSA 模型被应用以来，其已经成功地发展出多种类型的分解方式。虽然这种方法主要是用于描述性分析，但是使用起来较为简单和方便，具有识别给定变量不同行为关键特征的能力。

由于缺乏较强的理论基础及在实证应用中存在一些缺陷，CMSA 模型在前期受到批评，许多学者针对其存在的缺陷和不足进行了改进和完善。Richardson（1971）讨论了 CMSA 模型存在的主要缺陷，对其核算本质的理解做出了重要贡献。Milana（1988）进一步完善了 CMSA 模型的分解技术，解决了传统 CMSA 模型中存在的主要问题。Foresti（2004）等在 Richardson（1971）和 Milana（1988）的基础上，对 CMSA 模型进行了完善和改进。然而，对 CMSA 模型的实证应用缺陷仍然存在。例如，在选择个体市场时，往往根据相对特定国家的重要性将一些国家排除在外。然而从这些被排除在外的市场和产品中依然可以获得一些相应的信息，但是由于其占特定国家的比重较低而没有被包括在内。此外，各种效应随着考虑的产品种类的不同而产生变化。

根据本章研究需要，我们采用 Mauro 等（2005）、Amador 和 Cabral（2008）提出的分解方法。中国文化产品出口额占世界市场份额总的变化，即总效应（TE）等于中国文化产品出口总额的增长率（g）和世界其余地区文化产品出口总额增长率（g^*）的差，即

$$TE = g - g^* = \sum_i \sum_j \theta_{ij} g_{ij} - \sum_i \sum_j \theta_{ij}^* g_{ij}^* \qquad (6-1)$$

其中，$g_{ij} = \frac{X_{ij,t} - X_{ij,t-1}}{X_{ij,t-1}}$ 表示 t 时期中国产品 i 出口到国家 j 的增长率；$\theta_{ij} = \frac{X_{ij,t-1}}{\sum_i \sum_j X_{ij,t-1}}$ 表示 t-1 时期中国产品 i 出口到国家 j 的出口额占当年全部产品出口总额的比重；g_{ij}^* 和 θ_{ij}^* 分别表示除中国外世界其余地区在 t 时期

① 张秋利．中国高科技出口产品恒定市场份额分析：1995~2010［J］．经济问题，2013（2）：109-113.

出口产品 i 到国家 j 出口总额的增长率和 t-1 时期出口产品 i 到国家 j 的出口总额占当年全部产品出口总额的比重。如果中国的出口增长率高于世界其余地区的出口增长率，则 TE 为正；反之，则 TE 则为负。TE 的正或负对应中国出口市场份额的获得或者丢失。

CMSA 模型可以将总效应分解成竞争力效应（CE）和结构效应（SE），类似于对集约边际和扩展边际的测度。中国在世界市场上的总体变化不仅反映了每种产品或者地理市场份额的变化，还反映了世界上每种产品或地理市场的规模变化。因此，上式可以改写成：

$$TE = g - g^* = \sum_i \sum_j \theta_{ij}(g_{ij} - g_{ij}^*) + \sum_i \sum_j (\theta_{ij} - \theta_{ij}^*) g_{ij}^* \quad (6-2)$$

$$TE = CE + SE \quad (6-3)$$

竞争力效应反映了根据中国出口在每个市场中相对重要性进行加权后的出口份额变化，主要用来解释外部竞争力的变化，反映在特定市场中有效份额的获得或者丢失。

$$CE = \sum_i \sum_j \theta_{ij}(g_{ij} - g_{ij}^*) \quad (6-4)$$

进一步地，竞争力效应可以从产品视角式（6-5）或者地理市场的视角式（6-6）进行分解：

$$\sum_i \theta_i(g_i - g_i^*) \quad (6-5)$$

$$\sum_j \theta_j(g_j - g_j^*) \quad (6-6)$$

结构效应反映了根据中国出口目的地市场的相对重要性进行加权后的相对变化。如果一国在世界进口市场的每个细分市场中的市场份额都保持不变，那么该国总的出口市场份额变化就是由该部分变化而引起的。该项决定了由该国相对产品/地理专业化影响导致的那部分市场份额变化。在每个时期，如果中国相对其他市场的专业化水平更高，则 SE 为正；否则 SE 为负。

$$SE = \sum_i \sum_j (\theta_{ij} - \theta_{ij}^*)(g_{ij}^* - g^*) \quad (6-7)$$

结构效应还可以进一步分解成产品结构效应、地理结构效应和混合结构效应三项。产品结构效应和地理结构效应分别用来解释产品和地理专业化对出口的影响。

$$SE = PSE + GSE + MIX \tag{6-8}$$

产品结构效应（PSE）决定由一国出口产品专业化导致的那部分市场份额的总体变化，反映了出口的产品结构合理或不合理而使总的出口市场份额增加或减少的部分。它是在 t-1 时期中国和世界第 i 种产品出口份额的差，并在第 i 种产品的世界增长率的加权后总和。如果中国出口的产品组成集中在世界进口需求增长较快的种类上，则 PSE 为正；否则为负。

$$PSE = \sum_i (\theta_i - \theta_i^*) g_i^* \tag{6-9}$$

其中，$g_i^* = \frac{\sum_j \theta_{ij}^* g_{ij}^*}{\theta_i^*}$ 是 t 时期产品 i 的世界出口比例变化；$\theta_i = \sum_j \theta_{ij}$ 是 t-1 时期产品 i 在中国出口总额中的比例。

地理结构效应（GSE）决定了由一国出口的地理专业化所导致的那部分市场份额的总体变化，反映了因出口目的地分布结构合理或不合理而使总的出口市场份额增长或减少的部分。如果 GSE 为正，则表明中国出口的目的地分布结构合理，即中国出口目的地主要集中在世界进口需求增长较快的市场上；反之，如果 GSE 为负，则表明中国出口目的地分布结构不合理，即中国出口目的地主要集中在世界进口需求增长较慢的市场上。

$$GSE = \sum_j (\theta_j - \theta_j^*) g_j^* \tag{6-10}$$

其中，$g_j^* = \frac{\sum_i \theta_{ij}^* g_{ij}^*}{\theta_j^*}$ 表示时期 t 世界出口到 j 国的比例变化，$\theta_j = \sum_i \theta_{ij}$ 表示 t-1 时期国家 j 在中国出口总额中的比例。

混合结构效应（MIX）是一个残差项，它表明产品和地理结构不是相互独立的，反映了产品和地理效应的总和与结构效应的不匹配。它并没有确切的经济含义，实质是由于无法独立分解产品结构效应和地理结构效应的相互影响而产生的一个修正项。

$$MIX = \sum_i \sum_j \left[(\theta_{ij} - \theta_{ij}^*) - (\theta_i - \theta_i^*) \frac{\theta_{ij}^*}{\theta_i^*} - (\theta_j - \theta_j^*) \frac{\theta_{ij}^*}{\theta_j^*} \right] g_{ij}^* \tag{6-11}$$

考虑到传统 CSMA 模型分析框架中存在的局限性，本章在计算过程中综合考虑以下几方面因素：首先，先前文献在计算结构效应时，一般只使

用初始年份数据，因此，对竞争力效应的估计结果随着研究期间初始年份和最后年份的改变而发生变化。为最大限度减少研究期限改变对竞争力效应和结构效应的估计产生的影响，本章对每年的相关数据都进行了计算。其次，先前文献没有从结构效应中将混合结构效应分离出来，导致估计出来的产品结构效应或者地理结构效应的结果是有偏的。本章将混合结构效应从结构效应中分离出来，无论是产品结构效应还是地理结构效应都排除了混合结构效应对其的干扰。最后，由于出口国在国际市场上所占市场份额的大小会对估计结果产生不同程度的影响，因此，本章在计算世界总出口时排除了中国的出口总额，减少了参考国家出口额对结果可能产生的影响。

6.1.2 相关数据说明

本章根据改进后的 CMSA 模型来解释中国文化产品出口变化成因。相关数据来源于联合国贸易和发展会议创意经济数据库，该数据库涵盖了 2002~2011 年世界上大部分国家和经济体上报的创意产品和创意相关产品的统计数据，相对较为完整。① 但是，该数据库中包含的创意产品范围较宽，涉及工艺品、视听产品、设计、新媒体、表演艺术、出版物和视觉艺术。虽然视听产品和表演艺术是文化产品中的核心产品，但是这两类在数据库中数据缺失严重。因此，结合第 4 章和第 5 章的处理方法，本章将视听产品和表演艺术这两类排除在外。工艺品包括的大多数产品及设计与文化产品联系不是很紧密，本章只以庆祝用品代替工艺品，同时选择新媒体、出版物和视觉艺术等产品作为研究对象。为了保证数据的完整性和连续性，本章从中选取 2002~2011 年 58 个国家和地区文化产品出口贸易加总层面的数据。

在对中国文化产品出口成因分解的基础上，本章还选择三个基准国家作为比较，这三个国家分别是日本、印度和韩国，相关数据选取方式与中国类似。但是，由于各个国家出口市场存在较大差异，各种产品在不同市

---

① 詹君恒，吕庆华．中国创意产品及创意相关产品的国际竞争力研究——基于 RCA 指数和 TC 指数的实证分析［J］．经济地理，2013（7）：81-88.

场的出口存在较多的零值。因此，在研究样本选取上，日本、印度、韩国三国出口国家和地区的范围存在一些差别。在研究日本的文化产品出口时，只选择 35 个出口国家和地区；在研究印度的文化产品出口时，只选择 38 个出口国家和地区；在研究韩国的文化产品出口时，只选择 41 个出口国家和地区。

由于创意产业数据库中贸易额数据以美元现价来衡量，并且缺乏产品和地理的其他与贸易量相关的外部信息，在分析市场份额表现时，想要区分贸易量和价格构成是不可能的，因此，本章使用贸易量的名义值。同时，本章结果没有考虑到汇率和价格变化对价格竞争力和出口表现的影响。

6.2 中国文化产品出口变化成因分解结果

6.2.1 总效应分解

通过对创意产业数据库中相关数据的整理和计算，我们得到 2003~2011 年[①]中国和世界文化产品出口增长水平和变化趋势（见图 6-1）。整体上看，在这段时期内，中国和世界文化产品出口贸易额的平均增长率分别为 12.9%和 6.6%，这不仅反映了全球文化贸易具有较高的活跃程度，而且也表明中国出口增长水平要高于世界总体水平。但是，无论是中国还是世界，文化产品出口贸易额都随时间的推移而呈现出明显的波动。2008 年前，中国文化产品出口增长率总体上保持上升趋势，但在 2009 年出现大幅度下滑。世界文化产品总出口在 2008 年前基本上保持一个较为平稳的增长态势，与中国类似，在 2009 年世界出口总体水平也呈现大幅度下滑。不过这种负增长趋势并没有持续多久，两者都在 2010~2011 年出现了不同程度的反弹。

① 在计算中，需要以 2002 年作为基年。因此，报告的结果是 2003~2011 年的。

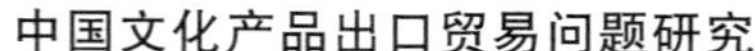

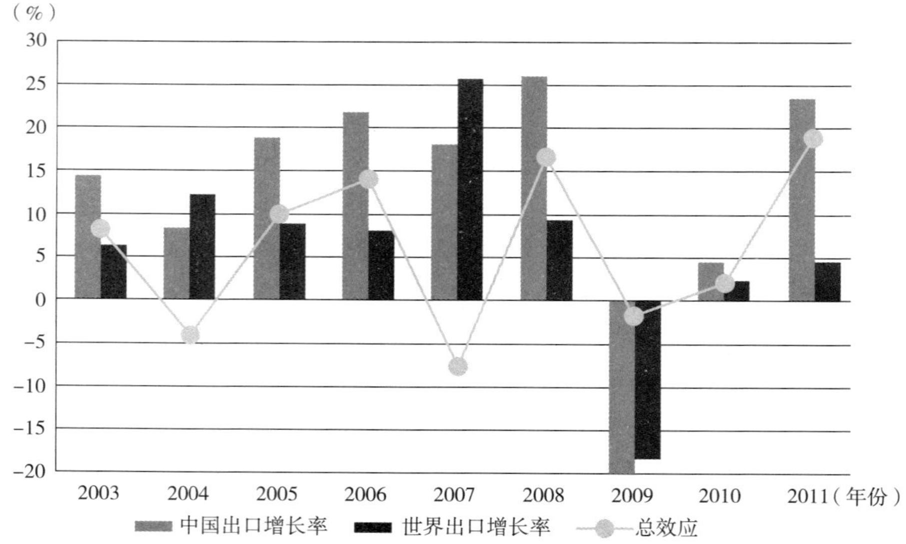

图 6-1　2003~2011 年中国文化产品出口增长率与世界的比较

资料来源：UNCTAD 创意经济数据库；经笔者整理和计算。

根据中国加入 WTO 及国际金融危机发生的时间，我们将 2003~2011 年划分为三个时期来考虑中国和世界文化产品出口变化的差异，分别是 2003~2006 年、2007~2009 年及 2010~2011 年。在这三个时期内，中国与世界文化产品出口发展呈现出不同特征。2003~2006 年，中国出口增速呈先减后增趋势，而世界出口增速则呈先增后减趋势。2003 年中国文化产品出口增长率要高于世界同期水平，但这种情况在 2004 年出现反转，世界出口增长率高于 2003 年，但中国出口的增长水平不仅要低于同期世界增长水平，而且显著地低于上年中国的出口增长水平。2007~2009 年，中国文化产品出口增速在 2008 年达到最大值，而在 2009 年出现负增长；但世界文化产品出口增速在 2007 年达到最大值，在 2009 年增速降到最低。虽然受国际金融危机的影响，中国和世界出口增长率在 2009 年都呈现负增长，但中国的下降幅度比世界平均水平更大。2010~2011 年，中国和世界文化产品出口增速发展趋势都保持正向增长态势，但中国的增速明显要高于世界总体增长水平。

在中国和世界文化产品出口增长率基础上，我们计算出中国文化产品出口市场份额变化。2003~2011 年，中国文化产品总体市场份额年均增长

6.3%，从 2003 年的 11.07%上升到 2011 年的 16.85%，主要是因为在中国文化体制改革的推动下，文化产业开始大力发展，市场规模不断扩大，文化产业增加值年均增速超过 23.7%，从而促进了文化贸易的发展。然而，不同时期市场份额的变化是不同的。分别考虑 2004 年、2007 年和 2009 年，中国文化产品出口总效应分别为-3.9%、-7.7%和-1.7%，这三年整体市场份额在下降。除此之外，中国出口增长率均高于世界总出口增长率，从而产生了正的总效应，这种正效应在 2011 年达到最大，表明中国文化产品在世界市场中的份额在扩大。

表 6-1 和图 6-2 报告了利用 CMSA 模型对中国文化产品出口总效应的分解结果。2003~2011 年，竞争力效应对总效应的平均贡献为-1.5%，而结构效应对总效应的平均贡献是 7.8%。因此，中国文化产品出口市场份额总体变化主要是由结构效应带来的。也就是说，结构效应是导致中国文化产品出口份额变化的主导因素。而在结构效应中，由于混合结构效应并没有明确的经济含义，因此，地理结构效应是结构效应对总效应产生正向贡献的主要因素，而产品结构效应则对结构效应的贡献为负。

表 6-1　2003~2011 年中国文化产品出口变化成因分解结果　　单位:%

年份	总效应	竞争力效应	结构效应	其中		
				产品结构效应	地理结构效应	混合结构效应
2003	8.2	7.2	0.9	-12.4	-0.7	13.9
2004	-3.9	-8.8	4.9	-8.5	0.2	13.2
2005	10.0	5.3	4.7	-6.8	1.6	9.9
2006	14.0	3.5	10.4	-6.8	4.0	13.2
2007	-7.7	-33.8	26.1	0.7	12.2	13.1
2008	16.8	6.2	10.6	-4.2	1.6	13.1
2009	-1.7	-7.6	6.0	1.2	2.5	2.2
2010	2.2	1.6	0.5	1.8	-1.4	0.2
2011	19.0	12.9	6.1	3.4	-0.5	3.3
平均值	6.3	-1.5	7.8	-3.5	2.2	9.1

资料来源：UNCTAD 创意经济数据库；经笔者整理和计算。

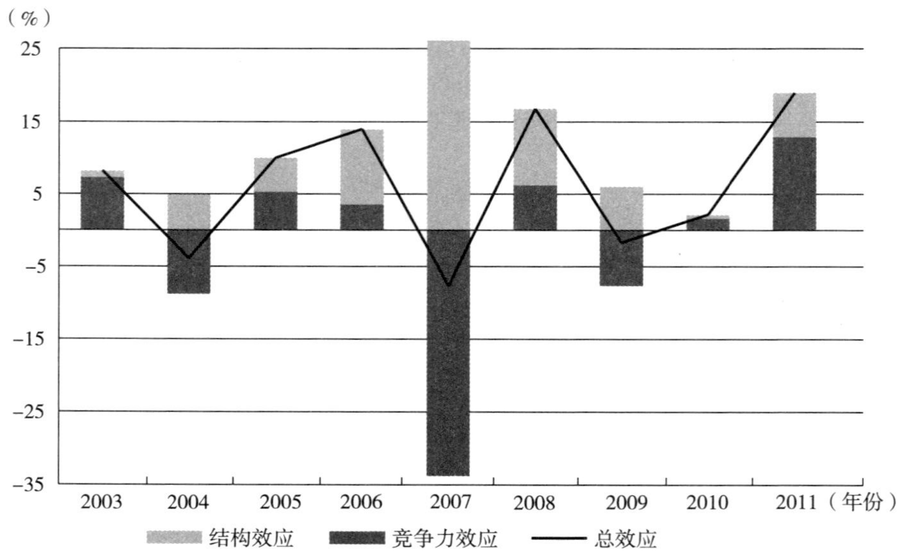

图 6-2　中国文化产品出口总效应分解

资料来源：UNCTAD 创意经济数据库；经笔者整理和计算。

结构效应虽然是导致中国文化产品出口市场份额变化的主导因素，但是，竞争力效应和结构效应对总效应的贡献程度在不同年份存在较大差异。在 2003 年，竞争力效应对总效应的贡献为 7.2%，而结构效应的贡献仅仅只有 0.9%。在 2004 年、2007 年和 2009 年，竞争力效应显著为负，并且绝对值大于结构效应，导致这三年中国文化产品出口市场份额出现一定程度的下降。此外，2007 年竞争力效应的大幅度下降也是导致竞争力效应的平均值对总体市场份额呈现负向贡献的主要原因。在竞争力效应对总效应产生正向贡献的 2005 年、2010 年和 2011 年中，竞争力效应对总体市场份额获得的贡献明显大于结构效应。尤其是在 2011 年，竞争力效应明显高于结构效应。

图 6-3 描绘了中国文化产品出口结构效应分解后的结果。总体上看，中国文化产品出口的结构效应都为正，反映了中国出口在产品和地理上的专业化程度在不断增强。事实上，结构效应在这一时期经历了较大的波动。根据波动趋势，大致可以将结构效应分为 2003~2007 年和 2007~2011 年两个阶段。在 2003~2007 年，结构效应逐渐增大，并于 2007 年达到最

大值。这主要是由两个方面的因素造成的：一是产品结构效应对结构效应的负向贡献在逐渐减弱；二是地理结构效应对结构效应的正向贡献在逐渐加强。这说明了中国文化产品出口集中在世界进口需求增长较慢的品种上，但是出口的市场结构在逐渐优化。

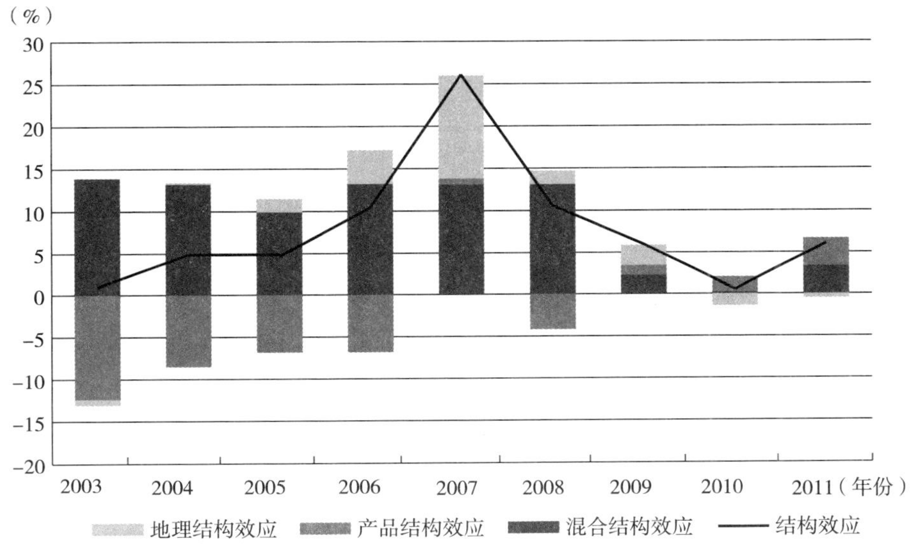

图 6-3　2003~2011 年中国文化产品出口的结构效应分解

资料来源：UNCTAD 创意经济数据库；经笔者整理和计算。

2007~2011 年，结构效应对市场份额总效应的贡献在下降，并于 2010 年降到最低后，在 2011 年又稍微上升。这主要是因为地理结构效应对结构效应的贡献下降很快，同时产品结构效应对结构效应的贡献程度保持在一个较低的水平，两者共同作用导致结构效应的快速下降。这表明了该阶段中国文化产品出口的产品开始转向世界需求增长较快的品种上，但是在出口市场结构上并没有多大优势。

6.2.2　竞争力效应分解

进一步地，竞争力效应还可分解为各类产品对市场份额的贡献之和（见表 6-2），也可以分解为各地区市场对市场份额的贡献之和（见表 6-3）。

表 6-2　2003~2011 年中国文化产品出口的竞争力效应产品层次分解

单位:%

年份	工艺品	新媒体	出版物	视觉艺术	竞争力效应
2003	-3.2	27.6	-6.8	-10.4	7.2
2004	-2.6	-6.6	1.9	-1.5	-8.8
2005	0.8	3.5	1.7	-0.7	5.3
2006	1.9	-1.5	3.8	-0.7	3.5
2007	4.3	-36.8	4.0	-5.3	-33.8
2008	1.9	0.9	2.1	1.3	6.2
2009	0.6	-13.1	0.0	4.9	-7.6
2010	0.8	-7.4	2.9	5.3	1.6
2011	2.1	-0.5	0.7	10.6	12.9
2003~2006	-0.8	5.8	0.2	-3.3	1.8
2007~2009	2.3	-16.3	2.0	0.3	-11.7
2010~2011	1.5	-4.0	1.8	8.0	7.3
2003~2011	0.7	-3.8	1.1	0.4	-1.5

资料来源：UNCTAD 创意经济数据库；经笔者整理和计算。

表 6-3　2003~2011 年中国文化产品出口竞争力效应的地理层次分解

单位:%

年份	2003~2006		2007~2009		2010~2011	
负向贡献	美国	-5.7	德国	-3.1	新加坡	-0.5
	荷兰	-1.0	英国	-1.7	中国香港	-0.5
	日本	-0.7	尼日利亚	-0.9	斯洛文尼亚	-0.4
	澳大利亚	-0.3	荷兰	-0.7	巴基斯坦	-0.4
	英国	-0.2	中国香港	-0.3	瑞典	-0.3
正向贡献	俄罗斯	0.0	法国	0.3	俄罗斯	0.9
	摩洛哥	0.0	斯洛文尼亚	0.3	荷兰	1.1
	墨西哥	0.1	韩国	0.5	德国	1.8
	印度	0.2	加拿大	0.6	美国	2.4
	德国	2.2	美国	4.1	英国	4.1
		-6.6		0.5		11.7

资料来源：UNCTAD 创意经济数据库；经笔者整理和计算。

表 6-2 是根据产品分类对中国文化产品出口竞争力效应分解的结果。根据先前分析，竞争力效应是在排除了这个国家在地理分布和产品组成的相对专业化后，每种产品在每个市场上市场份额的有效变化。2003～2011 年，竞争力效应对中国出口总体效应贡献的平均值为-1.5%，这表明中国文化产品的出口增速低于世界平均水平，使中国产品出口的市场份额出现丢失。从时间上看，2003～2006 年和 2010～2011 年对竞争力效应的贡献为正，而 2007～2009 年对竞争力效应的贡献为负，并且这段时期的负值也是竞争力效应平均值为负的主要原因。从产品上看，2003～2011 年，出版物对竞争力效应的贡献最大，而新媒体产品对竞争力效应的贡献最小且为负。工艺品和视觉艺术产品对竞争力效应的贡献也为正，但这种贡献相对较小。

2003～2006 年，竞争力效应对中国文化产品出口市场份额的贡献为正。在这段时期内，中国文化产品在国际市场上的份额在增加，表明了中国文化产品外在竞争力的改善。其中，新媒体产品对竞争力效应的贡献最大，主要是由于 2003 年新媒体产品获得了较大的市场份额。出版物对竞争力效应的贡献也为正，但是由于其在初始年份存在一个较大的负值，导致平均值较小。工艺品和视觉艺术产品对竞争力效应的贡献为负，说明这两类产品在国际市场上出现份额丢失。工艺品的市场份额丢失主要集中在 2003 年和 2004 年，而视觉艺术产品在 2003～2006 年的市场份额出现持续的丢失，说明视觉艺术产品在国际市场上的竞争力持续减弱。

2007～2009 年，竞争力效应对中国出口市场份额总体变化的贡献为负。在此期间，国际金融危机对中国和世界文化产品的出口造成了负面影响。其中，新媒体产品在这几年中的市场份额大幅度下降是造成竞争力效应为负的主要原因，尤其是 2007 年，下滑幅度达 36.8%。工艺品、出版物和视觉艺术产品对竞争力效应的贡献为正，与 2003～2006 年相比，工艺品、出版物和视觉艺术产品对竞争力效应的贡献都呈现一定幅度的增加。

从 2010～2011 年看，竞争力效应对中国出口市场份额总体变化的贡献为正。在此期间，市场份额的有效获得主要是因为视觉艺术产品在国际市场上的竞争力大幅度提升，尤其是 2011 年视觉艺术产品的竞争力大幅度提高，使视觉艺术产品的市场份额得到提升。工艺品和出版物虽然对竞争力效应的贡献依然为正，但相比上一年来说，这种贡献程度出现了一定程度的下降。对于新媒体产品来说，虽然其对竞争力效应的贡献依然为负，但是这种负向贡献程度相比 2007~2009 年来说已经大为缩小。

本节还分析了市场分布对市场份额效应的贡献。表 6-3 报告了各个时期对中国文化产品出口市场份额产生正向和负向贡献的五个国家和地区。为便于分析，本节同样将 2003~2011 年分解为 2003~2006 年、2007~2009 年及 2010~2011 年三个阶段，并对每一阶段的分解结果进行加总。

2003~2006 年，美国、荷兰、日本、澳大利亚和英国等发达国家市场份额的减少是地理层次对竞争力效应产生负向贡献的主要原因。在这五个国家中，市场份额下降最显著的国家为美国，下降幅度达到 5.7%。德国、印度和墨西哥等国是中国产品出口份额显著增加的主要原因，其中，在德国的市场份额增加较为显著，增长幅度达到 2.2%。

2007~2009 年，德国、英国、尼日利亚、荷兰和中国香港等市场的出口份额下降对中国出口的竞争力效应产生了显著的负向贡献，其中，下降幅度最大的是德国，下降幅度达到了 3.1%，其次是英国，为 1.7%。在美国出口份额的增加对中国出口竞争力效应产生了显著的正向贡献，幅度达到 4.1%。其他几个出口目的地，如加拿大、韩国、斯洛文尼亚和法国也对出口市场份额产生了正向贡献，但贡献幅度比较小。

2010~2011 年，中国出口份额丢失主要集中在新加坡和中国香港，但下降幅度相比 2007~2009 年较小。此外，斯洛文尼亚、巴基斯坦和瑞典也对中国文化产品出口份额下降产生了重要影响。这一阶段，欧洲市场份额的增加对中国文化产品市场份额的增加产生显著的影响。这种演化趋势反映出中国文化企业在亚洲地区市场上面临的竞争将不断增加，而美国和欧洲是中国文化产品出口的主要市场。

6.2.3 结构效应分解

在分析竞争力效应对中国文化产品出口市场份额贡献的基础上，本节进一步考察单种产品对产品结构效应演化的贡献程度（见表 6-4）。在 2003~2011 年，产品结构效应为负，说明了产品专业化并没有对整体市场份额演变产生有利作用，也就是说，中国出口的文化产品结构较世界平均水平而言，略显劣势，即总体上增长率较快的产品在出口总额中所占比重要略小于世界平均水平。新媒体产品和视觉艺术产品对产品结构效应的贡献为正，而工艺品和出版物对产品结构效应的贡献显著为负。这表明中国文化产品的生产更加专业化于增长速度较慢的工艺品和出版物，而在增长速度较快的新媒体产品和视觉艺术产品出口中处于较为不利的地位。

表 6-4　2003~2011 年中国文化产品出口的产品结构效应分解　单位:%

年份	工艺品	新媒体	出版物	视觉艺术	产品结构效应
2003	-2.1	-0.1	-10.6	0.4	-12.4
2004	-2.0	1.9	-9.2	0.7	-8.5
2005	-1.7	2.5	-7.2	-0.4	-6.8
2006	-1.7	2.3	-7.5	0.1	-6.8
2007	-2.0	14.3	-9.9	-1.6	0.7
2008	-1.6	2.4	-4.9	0.0	-4.2
2009	-0.4	-2.1	3.5	0.2	1.2
2010	0.4	-0.1	0.7	0.7	1.8
2011	1.2	0.0	0.8	1.4	3.4
2003~2006	-1.9	4.2	-8.9	-0.2	-6.8
2007~2009	-1.3	4.9	-3.8	-0.5	-0.8
2010~2011	0.8	-0.1	0.8	1.1	2.6
2003~2011	-1.1	2.3	-4.9	0.2	-3.5

资料来源：UNCTAD 创意经济数据库；经笔者整理和计算。

但是，这种情况在不同阶段呈现出不同的特征。2003~2006 年，工艺品、出版物和视觉艺术都对产品结构效应呈现出显著负的贡献，这种负的贡献在 2007~2009 年得到了一定程度的缓解。新媒体产品对产品结构效应的贡献在第一阶段显著为正，这种正向效应在第二阶段进一步扩大。而在 2010~2011 年，情况完全相反。工艺品、出版物和视觉艺术对产品结构效应的贡献为正，而新媒体对产品结构效应的贡献则为负，这说明工艺品、出版物和视觉艺术产品的出口结构要优于世界平均水平，而新媒体产品的出口结构劣于世界平均水平。

在分析产品结构效应后，本节还分析了单个市场的地理结构效应对中国文化产品出口市场份额的贡献。表 6-5 报告了 2003~2011 年主要国家和地区的地理结构效应对中国出口的贡献情况。与产品结构效应不同的是，

表 6-5 2003~2011 年中国文化产品出口地理结构效应的分解

年份	2003		2004		2005		2006		2007	
负向贡献	日本	-1.4	中国香港	-1.2	中国香港	-0.8	瑞士	-0.3	英国	-1.1
	中国香港	-0.9	德国	-0.6	德国	-0.2	奥地利	-0.2	新加坡	-0.7
	德国	-0.7	瑞士	-0.3	英国	-0.2	德国	-0.2	捷克	-0.4
	法国	-0.6	英国	-0.3	奥地利	-0.1	新加坡	-0.1	瑞士	-0.4
	比利时	-0.4	美国	-0.3	捷克	-0.1	捷克	-0.1	瑞典	-0.3
正向贡献	瑞士	0.2	奥地利	0.2	比利时	0.2	比利时	0.2	日本	0.7
	加拿大	0.3	日本	0.4	加拿大	0.2	加拿大	0.7	加拿大	0.8
	墨西哥	0.9	加拿大	0.4	中国香港	0.3	中国香港	1.0	尼日利亚	2.6
	匈牙利	1.1	爱尔兰	0.5	英国	0.4	英国	1.1	美国	5.5
	荷兰	1.7	荷兰	0.8	美国	1.4	美国	1.8	中国香港	6.2
地理结构效应	-0.7		0.2		1.6		4.0		12.2	
年份	2008		2009		2010		2011		2003~2011	
负向贡献	德国	-0.5	德国	-0.2	英国	-1.7	爱尔兰	-0.8	—	
	瑞典	-0.3	法国	-0.2	中国香港	-0.8	美国	-0.5		
	墨西哥	-0.3	瑞典	-0.1	新加坡	-0.5	中国香港	-0.4		
	日本	-0.3	巴基斯坦	-0.1	巴西	-0.3	法国	-0.3		
	捷克	-0.3	新加坡	-0.1	奥地利	-0.2	日本	-0.3		

续表

年份	2008		2009		2010		2011		2003~2011
正向贡献	巴基斯坦	0.3	马来西亚	0.3	法国	0.3	智利	0.1	—
	瑞士	0.3	哈萨克斯坦	0.4	西班牙	0.3	英国	0.1	
	加拿大	0.4	中国香港	0.4	突尼斯	0.3	印度	0.2	
	中国香港	0.6	加拿大	0.4	墨西哥	0.3	巴西	0.6	
	英国	1.5	美国	0.6	德国	0.5	巴基斯坦	1.1	
地理结构效应	1.6		2.5		-1.4		-0.5		2.2

资料来源：UNCTAD 创意经济数据库；经笔者整理和计算。

整体而言，地理结构效应对中国文化产品总体市场份额的演化具有显著的促进作用。地理结构效应对整体市场份额的负向贡献主要集中在 2003 年、2010 年和 2011 年，而在 2004～2009 年表现出明显的正向作用。

在对中国出口表现出负的地理结构效应的 2003 年，日本、中国香港、德国、法国和比利时 5 个国家和地区对地理结构效应的负向影响最大；在 2010 年中，英国、中国香港、新加坡、巴西和奥地利 5 个国家和地区对地理结构效应的负向影响最大；而在 2011 年，爱尔兰、美国、中国香港、法国和日本对地理结构效应的负向影响最大。这些事实都反映出中国出口在这些市场上相对专业化于需求增长率较低的产品。与此相反，2004～2009 年，地理结构效应对中国文化产品市场份额的演化具有显著的正向贡献，并且这种贡献在 2007 年达到最大值。从市场分布上看，对地理结构效应贡献较大的国家和地区主要是北美地区的美国和加拿大、亚洲的中国香港，以及欧洲的英国等，表明中国在这些市场的出口份额较世界平均水平要高一些。

在分析主要市场的地理结构效应对中国出口的市场份额贡献后，我们对所有市场的地理结构效应与市场份额关系进行探讨。图 6-4 描绘了中国出口的相对地理专业化。2003～2011 年，中国文化产品在出口目的地的市场份额与地理结构效应的系数为 7.03，并且在 1%水平下通过了显著性检

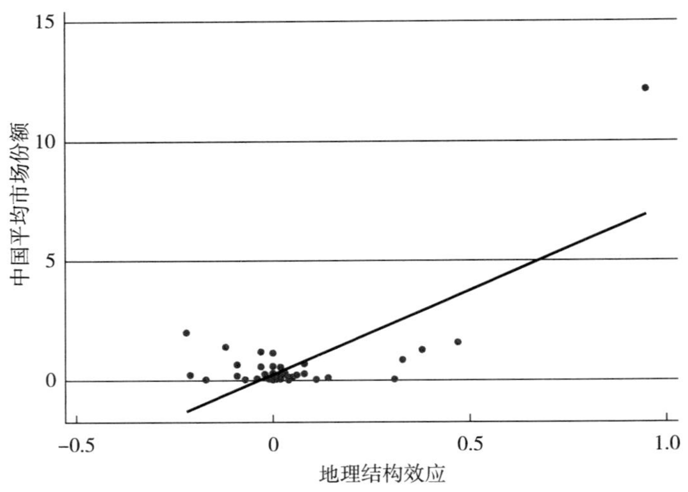

图 6-4　2003～2011 年中国文化产品出口地理结构效应与市场份额

资料来源：UNCTAD 创意经济数据库；经笔者整理和计算。

验。因此，地理专业化对中国文化产品出口市场份额演变起着正向促进作用。

6.3 中国与主要国家文化产品出口成因比较

在亚洲地区，文化产业已经成为日本和韩国的支柱性产业，并且文化贸易在其国际贸易中占有重要地位。印度文化产业虽然还不是很发达，但处于快速发展中，未来很可能成为中国文化贸易的潜在竞争对象。因此。本节进一步运用 CMSA 模型分解出中国、韩国、日本、印度文化产品出口贸易变化成因，并对四个国家的总效应、竞争力效应、产品结构效应和地理结构效应的历年累计值进行比较分析。

6.3.1 总效应比较

图 6-5 描述了 2003~2011 年四个国家文化产品出口总效应累计值变化趋势。从其变化趋势看，中国与韩国、日本和印度呈现出相当大的不同。中国和韩国文化产品出口市场份额累计值分别增加了 56.5%和 64.1%，而日本和印度文化产品出口市场份额累计值为负，分别是-22.1%和-27.9%。由此表明，中国和韩国文化产品出口的总体市场份额在不断增加，而日本和印度的总体市场份额在不断下降。

从其发展过程看，中国、印度和韩国在 2003~2006 年文化产品出口市场份额基本上保持上升趋势，而日本则处于持续下滑态势。在国际金融危机期间，各国市场份额变化呈现出不同的特征。韩国在 2007 年出口增长率大幅度下降，达到-46.4%，远远低于世界同期增长水平，但在 2008 年出现大幅度反弹，从而使出口累计增长率达到历史最高峰。中国文化产品出口总体市场份额发生了小幅波动，相对其他国家来说，处于较为平稳的状态。印度文化产品出口下滑幅度累计值超过其他三个国家，并在 2009 年达到最低点，成为四个国家中出口份额丢失最多的国家。

值得注意的是，日本在 2007 年获得了较大的市场份额，但反弹持续时

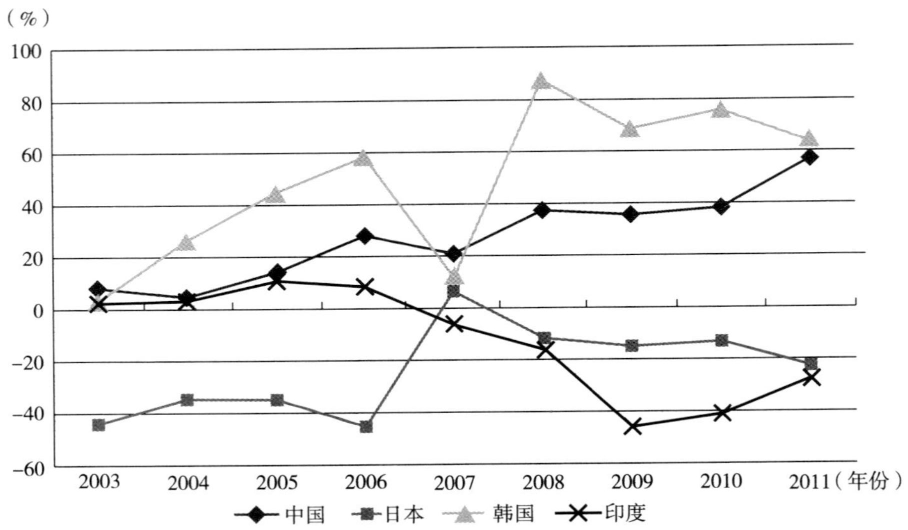

图 6-5　中国、日本、韩国、印度文化产品出口的总效应变化比较

资料来源：UNCTAD 创意经济数据库；经笔者整理和计算。

间很短，在随后的 2008 年和 2009 年便继续下滑。在最近的 2010~2011 年，中国和印度文化产品出口在国际市场上的市场份额有所增加，而韩国和日本的出口市场份额处于一个下降的趋势中。这可能是在全球文化产业快速发展的大背景下，新兴市场经济体文化产业发展速度尤其迅速，从而挤占了部分属于发达国家的市场份额，导致发达国家的整体市场份额在不断下滑。

6.3.2　竞争力效应比较

从总效应分解结果看，竞争力效应是韩国、日本和印度三国文化产品市场份额演变的主导因素，但不是中国出口市场份额演变的主要因素（见图 6-6）。2003~2011 年，韩国竞争力效应对总效应的累计贡献为 39.7%，说明韩国文化产业在国际上具备较强的竞争力。日本和印度竞争力效应对总效应的累计贡献分别为-130.7%和-79.8%，而中国的竞争力效应对总效应的累计贡献为-10.1%。在排除市场分布和产品组成专业化影响后，只有韩国在国际市场上的竞争力在不断增强，中国、日本和印度的竞争力依然不强。虽然中国文化产品出口竞争力不如韩国，但依然高于印度和日本。

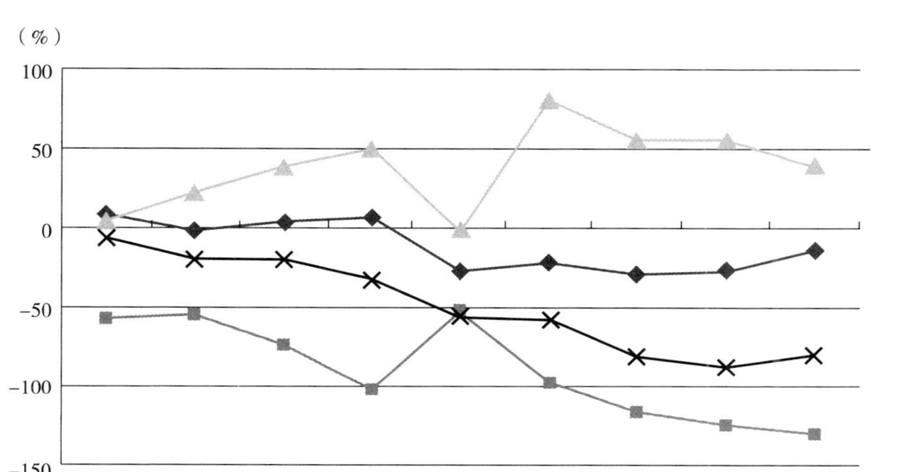

图6-6 中国、日本、韩国、印度文化产品出口的竞争力效应变化比较

资料来源：UNCTAD创意经济数据库；经笔者整理和计算。

进一步地，我们分析每个国家的竞争力效应的波动情况。2003~2006年，韩国的竞争力效应对总体市场份额贡献持续上升，在2007年发生大幅度下降后，虽然在2008年出现反弹，但随后三年竞争力效应对韩国总体市场份额的贡献在持续下降。2003~2011年，中国竞争力效应对总体市场份额贡献累计值波动趋势与印度较为相似，不同之处在于2003~2006年中国的竞争力效应对总体市场份额的贡献为正，在2007年后才出现下降，而印度则在整个时间段内竞争力效应对整体市场份额的贡献都为负。并且，中国竞争力效应对总体市场份额贡献累计值要大于印度。日本在2003~2006年的市场份额效应累计值在不断下降，因此，日本文化产品在国际市场上的竞争力处于持续下滑态势。

6.3.3 结构效应比较

尽管竞争力效应是日本、韩国和印度总体市场份额演变的主导因素，

但结构效应依然对各个国家文化产品出口市场份额演变产生了较大影响，并且这种影响对不同国家是不同的。在对中国、韩国、印度和日本在产品结构效应和地理结构效应的比较中，我们可以看出这种差异。图 6-7 和图 6-8 分别描绘了 2003~2011 年四个国家产品结构效应和地理结构效应的累计值变化趋势。

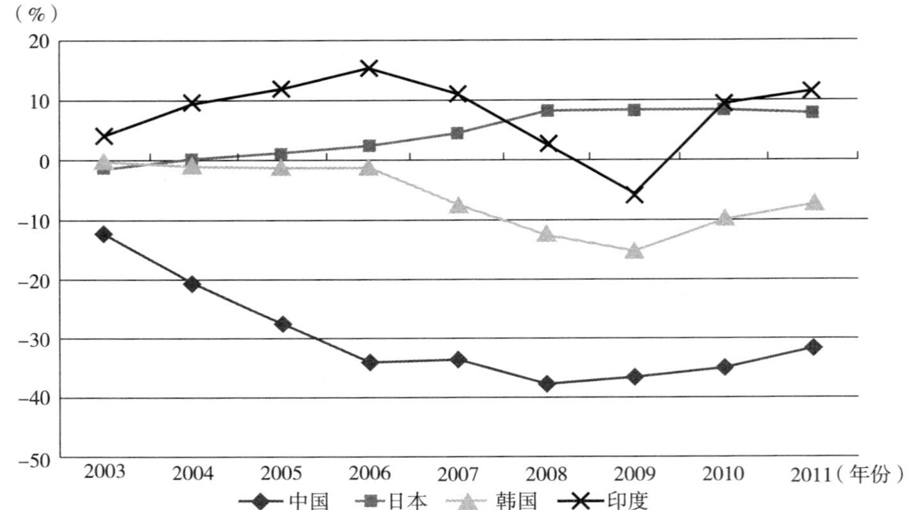

图 6-7　中国、日本、韩国、印度文化产品出口的产品结构效应变化比较

资料来源：UNCTAD 创意经济数据库；经笔者整理和计算。

从图 6-7 中可以看出，韩国和中国的产品结构累计效应的走势比较相似，两个国家的产品结构效应累计值对市场份额演变呈现出明显的负向影响，这意味着韩国和中国的部门出口结构没有与世界出口增长动态保持一致。总体上看，韩国的产品结构效应对总体市场份额演变的贡献依然高于中国。自 2008 年以来，中国的产品结构效应对总市场份额的贡献在逐渐增加，但这种效应依然比较弱。韩国在 2009~2011 年成功地改变了部门出口结构，趋向于更加动态化产品，对总的市场份额的贡献在逐渐增加。从印度看，其在 2003~2006 年产品结构效应保持较为稳定的增长，然而，从 2007 年开始，产品结构效应对产品出口的市场份额贡献持续下滑，在 2009 年达到最低值，但 2010 年和 2011 年出现了较大的反弹。对于日本来说，产品结构效应虽然对总的市场份额的贡献为正，但这种影响效应比较小。

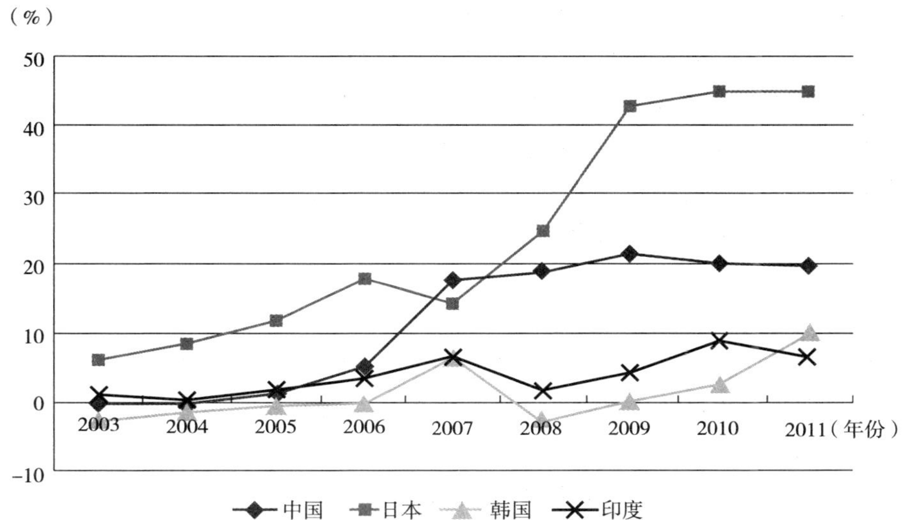

图 6-8　中国、日本、韩国、印度文化产品出口地理结构效应变化比较

资料来源：UNCTAD 创意经济数据库；经笔者整理和计算。

从图 6-8 中可以看出，各个国家地理结构效应对总体市场份额贡献基本上都为正，但影响程度不一致。例如，地理结构效应对日本出口的帮助最大，而对韩国出口的帮助最小。从发展过程看，2003~2006 年，虽然日本的地理结构效应对其出口市场份额的贡献要高于其他国家，但是波动趋势较为一致。自 2007 年以来，地理结构效应对各国市场份额的贡献出现了分化。日本的地理结构效应增长主要出现在 2008 年和 2009 年，而中国主要集中在 2007 年，随后几年内，未发生明显的变化。韩国和印度在 2007~2011 年的地理结构效应变化较为一致，在 2008 年发生较大幅度下滑后，随后出现一定程度的回升。

6.4　本章小结

本章运用详细的产品和地理分类，分析了 2003~2011 年中国文化产品名义出口在世界市场上份额的演变过程。利用 CSMA 模型，将与中国文化产品出口产品和地理专业化相关的效应从在每个市场中的出口份额有效变化中分离出来。研究表明，中国文化产品出口增长率明显高于世界总体出口水平，使中国出口的总体市场份额平均每年增长 6.3%。2003~2011 年，结构效应是中国文化产品市场份额演变的主导因素，而竞争力效应对总体市场份额演变的贡献并不显著。进一步分析发现，地理结构效应对结构效应贡献程度较大是导致结构效应对总体市场份额演变的产生正向作用的主要原因。

从竞争力效应分解结果看，2003~2006 年，竞争力效应对中国文化产品出口市场份额的贡献主要来自新媒体和出版物，从地理上看，德国、印度、墨西哥、摩洛哥和俄罗斯等市场对中国文化产品出口市场份额增长产生主要的作用。2007~2009 年，竞争力效应对中国文化产品总体市场份额的贡献为负。从产品来看，新媒体产品市场份额大幅度下降是造成竞争力效应为负的主要原因，而工艺品、出版物和视觉艺术产品对竞争力效应的贡献为正。从地理上看，德国、英国、尼日利亚、荷兰和中国香港等市场的出口份额下降是造成中国出口竞争力效应显著为负的主要原因。2010~2011 年，竞争力效应对中国文化产品总体市场份额的贡献为正。产品层面主要来自视觉艺术产品、出版物和工艺品的贡献，地理层面主要来自英国、美国、德国等欧美市场的贡献，而在新加坡、中国香港等亚洲市场的份额损失对竞争力效应产生了负面影响。

从结构效应分解结果看，2003~2011 年，相对产品专业化对中国文化产品总体市场份额的演变产生负面影响。分时期看，负的产品结构效应主要来自 2003~2006 年及 2007~2009 年两个时期；分产品看，负的产品结构效应主要来自工艺品和出版物。在过去的九年里，出口地理分布对中国文化产品在世界市场中总体市场份额的演变平均贡献为正。负的地理贡献主要集中在 2003 年、2010 年和 2011 年。整体上看，出口份额的总体演变受益于作为主要出口目的地的欧洲市场，其增长率在均值之上。相反，对地理效应的主要负向贡献来源于中国香港和日本等亚洲市场。

最后，本章对中国、日本、韩国及印度四个市场文化产品出口的 CMSA 分解结果进行比较，分析得出中国与其他三个国家文化产品出口市场份额演变存在不同特征。

07

中国文化产品的国际竞争力测度与比较

在第6章中，我们发现，中国文化产品出口增长率明显要高于同期世界平均出口水平，但是竞争力效应对中国文化产品出口市场份额变化的影响不明显。为此，本章将进一步对中国和世界主要国家文化产品在国际市场中的竞争力进行测度和比较，全面反映中国文化产品在国际市场中的竞争力状况。

目前，中国文化产品出口的竞争力吸引了部分学者的关注，相关研究主要分为两类：一是利用指数测度中国文化产品和服务竞争力（朱文静和顾江，2010；曲国明，2012；詹君恒和吕庆华，2013）。他们认为，我国文化产品的国际贸易竞争力总体较强，但出口市场过于集中，贸易结构较为单一，文化科技含量低，核心竞争力不足。二是将中国与主要国家的文化商品和服务的国际竞争力进行比较。郭新茹、顾江和朱文静（2010）认为，中日韩文化贸易在国际市场上有各自的出口市场，具有较小竞争性，更多表现为互补性。聂聆（2013）比较分析了“金砖四国”创意商品和服务的国际竞争力，结果表明，中国和印度的创意商品具有优势，创意服务的竞争力较弱，俄罗斯和巴西的创意服务优势明显，创意商品的竞争力很弱。

虽然国内对文化贸易竞争力做了一些研究，但至少存在以下两个方面的问题：一是研究范围局限于少数国家，无法较为全面地反映出中国文化产品在国际市场上的竞争状况；二是相关研究基于静态视角，缺乏动态分析。因此，本章主要研究两方面内容：首先，比较主要国家文化产品的出口相似性。由于评价具有不同贸易方式的国家间的相对竞争力水平毫无意义，为使研究结果更有意义，对一个国家的竞争力分析首先需要决定主要竞争者的出口相似度。其次，在文化全球化背景下，获取更高水平竞争力的关键在于针对主要竞争对手提高比较优势。因此，需要对中国文化产品的比较优势进行静态和动态的比较分析。

7.1 出口竞争力衡量指标

7.1.1 出口相似性指标

为研究中国文化产品出口的国际竞争力，首先需要探讨哪些国家是中国文化产品出口的主要竞争者。本节通过计算出口相似性来判断两个国家在共同市场上出口组成的相似程度。尽管出口相似度的概念不能直接等同于出口竞争力，但是，基于两方面原因，出口相似度可以间接反映出两国的竞争情况：一是给定的两个国家向同一个市场出口产品；二是在共同市场上，两国出口结构相似程度越高，则竞争程度越高，反之，出口结构不相似则表明竞争程度较低①。

许多文献利用出口相似度对出口竞争力进行了研究。Finger 和 Kreinin（1979）运用出口相似度指数分析了降低贸易壁垒对发展中国家向发达国家出口的影响。他们认为，发达国家和发展中国家的出口结构越不相似，则发展中国家从关税降低中获得的收益越少，主要是因为产品出口被发达国家所取代。在最近的研究中，Derado（2007）利用出口相似性指数评价国家间在出口结构的相似程度及区域一体化对欧盟成员国和非成员国的影响。本节主要选取两个指标来测度文化产品出口相似度：一是 Finger 和 Kreinin（1979）提出的出口相似性指数（ESI）；二是 Antimiani 和 Henke（2007）发展的产品相似性指数（PSI）。

7.1.1.1 出口相似性指数

Finger 和 Kreinin（1979）提出的出口相似性指数主要用来衡量两个国家或两组国家在世界市场或第三市场上的出口相似性程度。该指数根据每

① ÖZÇELİK, S. E. Turkry's Export Competitiveness in the EU－15 Market [D]. Middle East Technical University, 2012.

种产品在每个国家出口总额比重中的最小值，并对各种产品比重的最小值进行加总。具体计算公式如下：

$$ESI(ab, c) = \left[\sum_j \min\left(\frac{X_{j(a, c)}}{\sum X_{j(a, c)}}, \frac{X_{j(b, c)}}{\sum X_{j(b, c)}}\right)\right] \times 100$$

其中，ESI（ab，c）代表 a 国和 b 国在共同市场 c 上的出口相似度指数；$X_{j(a,c)}$和$X_{j(b,c)}$分别代表 a 国、b 国在共同出口市场 c 上产品 j 的出口额；$\sum X_{j(a, c)}$ 和 $\sum X_{j(b, c)}$ 分别代表 a 国、b 国对 c 国的总出口额。上式右边括号中第一项代表 a 国出口产品 j 到市场 c 中的份额，第二项代表 b 国出口产品 j 到市场 c 中的份额。

ESI 取值范围介于 0 到 100。若 ESI 趋向于 0，表示 a 国和 b 国在共同出口市场 c 的出口商品结构完全不同；ESI 接近 100，则表示两国在出口市场 c 的出口商品结构完全相同。因此，ESI 值越大，两国出口商品结构越相似，在世界市场或第三市场上的贸易竞争越激烈。ESI 对数据层级敏感度较高，层级越高，则指数值可能越大。为保证计算结果的可靠性，本节在计算 ESI 时，尽可能地使用加总程度较低的数据。

7.1.1.2　产品相似度指数

由于 ESI 不受国家之间出口相对规模的影响，因此，需要考虑出口规模绝对差异的影响。本节采用 Antimiani 和 Henke（2007）在 Grubel 和 Lloyd（1971）的 G-L 指数基础上提出的产品相似性指数。在 G-L 指数中，一个国家的出口相似性采用自身进口来衡量，而在 PSI 指数中，一个国家的出口相似性则采用另一个国家在相同市场上的出口来衡量。PSI 指数计算公式如下：

$$PSI_i = \left[1 - \frac{\sum_j \left|X^i_{j(a, c)} - X^i_{j(b, c)}\right|}{\sum_j \left|X^i_{j(a, c)} + X^i_{j(b, c)}\right|}\right] \times 100$$

其中，i 代表文化产业中的细分部门；$X^i_{j(a,c)}$代表 a 国在市场 c 上产品 i 的出口贸易额，$X^i_{j(b,c)}$代表 b 国在市场 c 上产品 i 的出口贸易额。

PSI 指数值取 0 到 100。如果 PSI 指数值为零，则表明 a 国和 b 国出口的产品结构完全不一样；如果 PSI 指数值为 100，则表明 a 国和 b 国出口的产品结构完全一样。

7.1.2 比较优势指标

在分析了文化产品出口相似性后，本节继续探讨中国文化产品的比较优势。19 世纪初，古典学派的李嘉图在亚当·斯密绝对成本理论基础上，提出了比较成本理论。20 世纪初，Heckscher-Ohlin 又提出了资源禀赋模型。李嘉图经典理论解释了不同国家在不同生产条件下的贸易方式变化，而 Heckscher-Ohlin 模型则依赖要素禀赋的差异来解释贸易的存在。尽管两者存在差异，但也有共同之处，即一个国家将专业化出口具有比较优势的产品，而进口没有比较优势的产品。

虽然传统比较优势理论没有直接涉及文化贸易，但并未排除其在文化贸易领域应用的可能性。Mas-Colell（1999）认为，将传统贸易理论运用到文化贸易领域，在某种程度上也可适用，如挪威在其冰雕制作上拥有比较优势，西班牙在油画方面、英国在莎士比亚戏剧方面……都具有比较优势。Schulze（1999）将文化产品分成复制、不可复制和现场演示三种类型，认为传统贸易理论对可复制文化产品的贸易解释性较强，如发展中国家拥有丰裕的劳动力，由于较低的劳动工资水平，在生产可复制文化产品上拥有比较优势，因而成为文化产品的出口国。鉴于此，本节使用 Balassa（1965）的显性比较优势指数（RCA）及 Edwards 和 Schoer（2002）提出的动态显性比较优势指数（DRCA）来衡量中国文化产品的比较优势。

7.1.2.1 静态显性比较优势

比较优势最普遍的测量方法是采用 Balassa（1965）发展的显性比较优势指数，他假设贸易方式反映了相对成本和非价格因素的差异。RCA 指数用来衡量一个国家（地区）某类产品出口在全世界该类产品出口中的份额与该国（地区）所有产品的出口在世界总出口中所占份额的比率。这种方法在实证研究中已经得到广泛的应用。RCA 指数计算公式为：

$$RCA_{ij}=\frac{X_{ij}/X_i}{X_{wj}/X_w}$$

其中，X_{ij}表示国家 i 产品 j 的出口额；X_i 表示国家 i 的出口总额；X_{wj} 表示全世界产品 j 的出口额；X_w 表示世界总出口额。

RCA 指数值可以取 0 到正无穷。如果 RCA>4，则表明国家 i 出口的产品 j 具有显著的国际竞争力；如果 2<RCA≤4，则表明国家 i 出口的产品 j 具有较强的国际竞争力；如果 1<RCA≤2，则表明国家 i 出口的产品 j 具有较弱的国际竞争力；如果 0<RCA≤1，则表明国家 i 出口的产品 j 没有国际竞争力。

7.1.2.2 动态显性比较优势

Balassa（1965）发展的 RCA 指数虽然在比较优势分析中得到广泛的应用，但它本身存在一些缺陷和不足。例如，分子和分母的变动都会影响到 RCA 指数的变化，但无法获知这种变动是由哪部分带来的；同时，RCA 指数是一个静态指标，没有考虑比较优势的动态变化。为弥补静态 RCA 指数的不足，Edwards 和 Schoer（2002）提出了动态显性比较优势指数，反映比较优势随时间的动态变化。

通过对传统 RCA 指数取对数，并进行差分，可将 RCA 指数增长率分解成两个部分：

$$\frac{\Delta RCA_{ij}}{RCA_{ij}} = \frac{\Delta(X_{ij}/X_i)}{X_{ij}/X_i} - \frac{\Delta(X_{wj}/X_w)}{\Delta(X_{wj}/X_w)}$$

其中，右边第一项反映了产品 j 占中国出口总额比重的增长率；第二项反映了世界产品 j 占世界出口总额比重的增长率。

通过表 7-1 可以判断文化产品在中国和世界出口份额中比较优势的相对变化。在动态市场地位中，Edwards 和 Schoer（2002）根据动态比较优势计算公式将产品分成六种不同类型："明日之星"（Rising Stars）、"陨落之星"（Falling Stars）、"后发撤退"（Lagging Retreat）、"丧失机会"（Lost Opportunity）、"先发撤退"（Leading Retreat）、"后发机会"（Lagging Opportunity）。

表 7-1 出口市场地位分类

	产品 j 占中国出口份额		产品 j 占世界出口份额	类型
RCA 上升	↑	>	↑	明日之星
	↑		↓	陨落之星
	↓	>	↓	后发撤退

续表

	产品 j 占中国出口份额		产品 j 占世界出口份额	类型
RCA下降	↓		↑	丧失机会
	↓	<	↓	先发撤退
	↑	<	↑	后发机会

资料来源：Edwards 和 Schoer（2002）。

参照 Edwards 和 Schoer（2002）的分类方法，本节根据 RCA 增长率变化、文化产品在中国出口中的比例变化，以及文化产品世界总出口中份额变化将文化产品分成六种类型。如果某一类文化产品 RCA 上升，并且其占中国出口份额上升幅度超过在世界总出口份额中的增加幅度，则将其归为“明日之星”，这种类型的产品最受各国的偏爱，因为这不仅意味着其在本国出口市场份额中的增长，而且还表明世界需求也在增长。若文化产品占中国出口份额上升而占世界出口份额下降，则归为“陨落之星”；若文化产品占中国出口份额下降幅度大于占世界出口份额的下降幅度，则归为“后发撤退”。

如果某一类文化产品 RCA 在下降，并且其占中国出口份额在下降而占世界出口份额在上升，则将其归为“丧失机会”；如果其占中国出口份额下降幅度小于其占世界出口份额的下降幅度，则称其为“先发撤退”；如果其占中国出口份额上升幅度小于占世界出口份额的增加幅度，则归为“后发机会”。Edwards 和 Schoer（2002）认为，“明日之星”和“先发撤退”这两种类型产品的增加反映了出口转型成功，而“丧失机会”和“陨落之星”两种类型产品的增加则反映出口转型失败。

在 Edwards 和 Schoer（2002）的研究中，他们通过比较初始年份和最终年份 RCA 值来判断动态比较优势。本节研究不仅局限于研究期的起始年份和最终年份。为最大程度排除 RCA 可能是由于相关政策或者其他扭曲行为带来的变化，而不是比较优势的真实变化，本节采用时间序列而不是时点的方式。也就是说，我们将计算出每年的结果，并对 RCA 指数值取平均值。

7.2 文化产品出口相似性

7.2.1 出口相似性指数结果

由于 ESI 值取值范围处于 0~100，但是并没有明确标准来判断出口相似程度的相对高低，因此，为给中国与主要国家文化产品出口相似度提供一个参考标准，首先对世界主要国家文化产品出口相似度进行比较。也就是说，对世界主要国家文化产品双边出口相似性进行比较，进而为中国和主要国家的竞争提供参考。相关数据来源于联合国贸易和发展会议的创意产业数据库，各国出口贸易额来源于联合国商品数据库。

根据各国在世界市场上的文化产品出口额，选取出口份额最大的 20 个国家和地区，这些国家和地区 2011 年文化产品出口额占世界市场份额的 70%以上，能够比较充分地反映出当前全球文化贸易的主要情况。通过对细分产品出口额进行整理，并利用 Finger 和 Kreinin（1979）出口相似度指数计算公式，对这 20 个国家和地区文化产品出口相似性进行量化，得到出口相似性指数矩阵（见表 7-2）。

从表 7-2 中可以看出，在世界市场上，文化产品出口相似程度最高的是丹麦和中国香港（99）、西班牙和意大利（98）、荷兰和中国香港（96）、荷兰和丹麦（96）、德国和中国香港（95）、德国和丹麦（95）、加拿大和比利时（93）、美国和印度（93）、意大利和比利时（92）、韩国和意大利（92），这些国家间或者国家和地区间出口相似度都超过 90，表明这些国家和地区文化产品在世界市场上出口结构相似程度都很高。从中可以判断，在国际市场上，如果两国 ESI 值超过 90，那么它们的相似程度就处于相当高的水平。

进一步地，我们详细分析中国和主要国家文化产品在世界市场上的出口相似度。表 7-3 报告了中国与主要国家和地区的 ESI 计算结果。从 2002~2011 年 ESI 平均值看，中国与主要国家和地区的出口相似度在 40~87。

表 7-2 2002~2011 年主要国家和地区在世界市场上的出口相似度指数

国家和地区	BE	CA	CN	HK	DK	FR	DE	IN	IT	JP	KR	MY	MX	NL	SG	ES	SE	CH	UK
加拿大	93																		
中国	47	40																	
中国香港	67	60	66																
丹麦	66	59	66	99															
法国	75	71	68	67	67														
德国	67	63	61	95	95	70													
印度	60	55	82	80	81	82	79												
意大利	92	90	50	64	64	80	66	65											
日本	57	53	73	88	89	72	88	89	61										
韩国	87	84	56	68	68	86	71	71	92	69									
马来西亚	91	87	52	72	71	75	75	67	87	65	89								
墨西哥	59	54	57	88	89	58	88	74	55	81	59	66							
荷兰	66	59	64	96	96	63	93	77	60	85	64	71	90						
新加坡	44	40	54	73	73	45	74	61	40	72	46	53	84	75					
西班牙	92	90	47	62	62	77	64	63	98	59	90	85	53	58	39				
瑞典	81	78	51	74	74	68	78	69	78	68	82	90	72	74	58	76			
瑞士	50	49	63	53	54	74	52	73	59	62	60	49	46	50	34	58	42		
英国	61	60	69	64	64	85	63	79	68	69	71	60	55	60	41	66	53	89	
美国	56	52	87	73	74	80	73	93	61	84	90	64	66	70	59	59	62	76	83

资料来源：UNCTAD 创意经济数据库；经笔者整理和计算。

与主要国家在世界市场上的竞争激烈程度相比，中国在世界市场上与主要国家和地区的出口相似度明显要低。其中的原因可能包括两个方面：一方面，中国出口的文化产品类型主要属于劳动密集型的工艺品及视觉艺术产品，而高知识密集型的文化产品出口比例很低；另一方面，文化产品属于差异性产品，中国与西方国家的文化存在很大差异，依托不同文化背景和文化资源生产的产品差异化较大，不能实现相互替代，因而出口竞争激烈程度相对较低。

表 7-3　中国与主要国家和地区在世界市场上的出口相似度

国家和地区	2002~2011 年	2001 年	2011 年	变化趋势
美国	87	89	84	↓
日本	73	67	80	↑
印度	72	57	75	↑
英国	69	59	66	↑
法国	68	52	66	↑
中国香港	66	67	70	↑
丹麦	66	56	70	↑
荷兰	64	63	66	↑
瑞士	63	51	59	↑
德国	61	49	65	↑
墨西哥	57	62	63	↑
韩国	56	59	56	↓
新加坡	54	32	61	↑
马来西亚	52	55	63	↑
瑞典	51	44	58	↑
意大利	50	38	51	↑
奥地利	47	53	61	↑
西班牙	47	44	48	↑
加拿大	40	20	43	↑

资料来源：UNCTAD 创意经济数据库；经笔者整理和计算。

2002~2011年，中美文化产品出口相似度最高，ESI值达87，但明显低于丹麦和中国香港的出口相似度。日本、印度等国与中国的出口相似度紧随其后。奥地利、西班牙和加拿大与中国文化产品出口相似程度低于50，说明这些国家与中国文化产品在国际市场上的出口结构相似程度较低。从2001年和2011年的变化趋势看，除美国和韩国外，其他国家与中国的出口结构相似度都在上升。中美、中韩的ESI分别从2001年的89和59下降到2011年的84和56，出口相似指数的下降意味着中美、中韩在世界市场上的专业化分工程度在上升，文化产品贸易在一定程度上从竞争性向互补性转变。而中国与新加坡、加拿大和印度的出口相似性的上升是所有ESI增加的国家中最大的，反映出中国与新加坡、加拿大和印度文化产品的出口结构趋于收敛，意味着中国与新加坡、加拿大和印度在世界文化贸易中的竞争变得越来越激烈。

在文化全球化时代，美国不仅是全球文化产品出口额最大的国家，而且也是文化产品进口额最大的国家。因此，有必要考察中国与主要国家在美国市场上的出口相似度及其变化趋势。与世界市场一样，首先计算出主要国家在美国市场上的出口相似度矩阵，如表7-4所示。

在美国市场上，出口相似程度最高的国家分别是英国和法国（95）、瑞士和法国（94）、荷兰和德国（94）、西班牙和意大利（94）、德国和比利时（93）、荷兰和比利时（92）、英国和瑞士（91）。由此表明，在美国市场上，文化产品出口相似程度很高的国家主要是发达国家，最高程度达到了95。从中还可以看到，欧洲国家之间及亚洲国家之间在美国市场上的竞争程度要高于欧洲国家和亚洲国家。

表7-5的结果表明，在美国文化产品进口市场中，中国与主要竞争国家（地区）的出口相似度处于中等水平。相比于英国和法国在美国市场上的出口相似程度，中国与主要国家和地区的出口相似程度明显要低，最高的中日两国的ESI值也仅为78，其次是中国和中国香港，出口相似程度为72。由此表明，在美国文化产品进口市场中，中国的主要竞争对手是日本和中国香港，这体现出在相同的进口市场上，具有文化同源性的国家之间竞争更为激烈。此外，马来西亚、意大利、法国、英国、瑞士、新加坡和加拿大等国与中国文化产品出口在美国市场上的相似程度低于50。

表 7-4　2002~2011 年主要国家和地区在美国市场上的出口相似度指数

国家和地区	AT	BE	CA	CN	HK	DK	FR	DE	IN	IT	JP	KR	MY	MX	NL	SG	ES	SE	CH
比利时	87																		
加拿大	30	43																	
中国	67	57	28																
中国香港	52	55	54	72															
丹麦	72	84	39	66	62														
法国	76	73	22	45	28	66													
德国	82	93	47	61	62	85	66												
印度	83	82	32	53	39	77	87	76											
意大利	66	79	56	49	58	80	63	84	72										
日本	64	61	37	78	63	53	41	64	49	51									
韩国	65	69	65	63	74	60	43	75	52	75	70								
马来西亚	45	48	77	50	74	39	22	54	30	53	59	78							
墨西哥	47	50	44	64	69	44	23	55	34	43	82	59	66						
荷兰	87	92	42	65	62	83	66	94	74	79	70	77	56	57					
新加坡	42	50	88	40	66	40	24	56	32	55	49	76	87	55	54				
西班牙	72	85	58	53	62	81	63	88	73	94	56	79	58	47	84	60			
瑞典	60	63	62	66	81	53	37	69	47	71	75	87	81	69	70	71	73		
瑞士	71	69	17	41	24	62	94	62	83	59	36	38	17	19	61	19	59	31	
英国	78	76	25	45	31	70	95	69	90	66	44	46	25	26	69	27	66	39	91

资料来源：UNCTAD 创意经济数据库；经笔者整理和计算。

表 7–5 2002~2011 年中国与主要国家和地区在美国市场上的出口相似度指数

国家和地区	2002~2011 年	2002 年	2011 年	变化趋势
日本	78	55	76	↑
中国香港	72	65	66	↑
奥地利	67	70	53	↓
丹麦	66	78	67	↓
瑞典	66	66	62	↓
荷兰	65	54	63	↑
墨西哥	64	51	59	↑
韩国	63	54	64	↑
德国	61	54	70	↑
印度	53	49	88	↑
西班牙	53	58	54	↓
马来西亚	50	39	64	↑
意大利	49	47	51	↑
法国	45	48	49	↑
英国	45	47	48	↑
瑞士	41	45	51	↑
新加坡	40	13	58	↑
加拿大	28	17	40	↑

资料来源：UNCTAD 创意经济数据库；经笔者整理和计算。

2002~2011 年，中国与主要国家在美国文化产品进口市场上的竞争状况发生了明显的变化。除中国与奥地利、丹麦、瑞典、西班牙以外，与其余国家的 ESI 值都显著地上升。在 ESI 值下降的国家中，中国和奥地利的 ESI 值下降最大。而在 ESI 值上升的国家中，中国与新加坡、印度、日本三国文化产品出口相似程度上升幅度很大，表明中国与新加坡、印度、日本的文化产品出口在美国市场上的竞争变得越来越激烈，也说明了在美国市场上，中国与亚洲国家的文化产品出口竞争激烈程度在不断增强。

7.2.2 产品相似性指数结果

在上一部分，我们计算了基于出口相对规模的 ESI 结果，并报告了国家层面的结果。在本部分，我们进一步计算基于出口绝对值的产品相似度指数。表 7-6 报告了中国和主要国家和地区在世界市场和美国市场上文化产品出口的 PSI 指数值。

表 7-6 中国与主要国家和地区的 PSI 计算结果

国家和地区	世界市场			美国市场		
	2002~2011 年	2002 年	2011 年	2002~2011 年	2002 年	2011 年
美国	73	65	83	—	—	—
德国	68	50	65	23	28	19
中国香港	62	63	47	53	64	33
英国	61	56	70	45	44	57
荷兰	47	36	38	5	5	2
法国	46	40	47	24	30	13
比利时	33	28	25	3	6	2
意大利	33	26	27	11	15	7
瑞士	32	42	25	20	33	10
瑞典	31	28	26	3	5	1
加拿大	30	19	34	28	19	34
日本	30	48	23	18	42	9
新加坡	28	16	36	8	9	7
西班牙	27	29	18	6	9	2
墨西哥	20	33	12	38	55	24
韩国	15	14	12	11	15	5
丹麦	12	16	8	1	2	1
印度	10	16	10	8	12	6
马来西亚	5	7	4	2	2	2

资料来源：UNCTAD 创意经济数据库；经笔者整理和计算。

2002~2011 年，中国内地与美国、德国、中国香港、英国、荷兰、法国在世界市场上的出口结构最为相似。尽管这些国家和地区 ESI 和 PSI 值及排名不完全相同，但与中国文化产品出口最为相似或多或少都是按照 ESI 和 PSI 的。与中国 PSI 和 ESI 差别最大的国家分别是印度、丹麦、马来西亚、日本和韩国。对于这些国家来说，PSI 值小于 ESI 值，因此，采用哪种计算方式对于结果还是会产生一定程度的影响。

根据表 7-6，中国与美国在世界市场上的产品相似度指数最高，并且这种竞争程度从 2002 年的 65 上升到 2011 年的 83。此外，与中国产品相似度较高的其他几个国家中，如德国、英国、荷兰、法国 PSI 在 2002~2011 年也在不断上升，而与中国香港、比利时、瑞士等国家或地区的 PSI 却在不断下降。根据 PSI 计算公式，与中国文化产品出口最不相似的国家分别是马来西亚、印度和丹麦，并且这三个国家与中国的出口相似度处于下降当中。总体上看，中国和主要文化产品出口国家和地区在世界市场上的产品相似度都处于比较低的水平。

在表 7-6 中，我们还可以观察到中国与主要国家和地区在美国市场上的 PSI 值。在美国市场上，中国与主要国家和地区的 PSI 值都处于较低的水平。2002~2011 年，中国内地和香港地区的产品相似度最高，但是这种相似度表现出下降的趋势，PSI 值从 2002 年的 64 下降到 2011 年的 33。紧随其后的英国与中国的产品相似性则呈现上升态势，PSI 值从 2002 年的 44 上升到 2011 年的 57。此外，继中国香港和英国后，墨西哥在 2002~2001 年处于第三位，但是，PSI 值从 2002 年的 55 下降到了 2011 年的 24，远低于中国和英国、加拿大和中国香港。值得注意的是，马来西亚是根据 PSI 公式计算的中国与主要国家和地区在世界市场上和美国市场上的出口相似度都最低的国家，这表明中国与马来西亚的文化产品出口基本上不存在相似之处。

7.3 比较优势和动态市场地位

7.3.1 静态比较优势

在分析中国文化产品比较优势时，首先，考虑中国文化产品比较优势

在全球的地位。考虑到国家规模差异，我们计算了每个国家文化产品出口占总出口的比重。同时，将研究时期分成三个阶段，分别是2002~2011年、2002~2008年和2009~2011年，分别反映全样本时期及国际金融危机发生前后主要国家和地区文化产品比较优势的变化。最后，计算出每个时期每个国家的RCA指数平均值。

表7-7分别报告了三个时期主要国家和地区文化产品出口份额、RCA指数及根据RCA指数的排名。从中可以看出，2002~2011年，12个国家和地区文化产品出口具有比较优势。在这些国家中，英国RCA指数大于2，具有较强比较优势。加拿大、中国香港、瑞典、美国RCA指数紧随其后，但比较优势较弱。中国的RCA指数为1.47，排名世界第7位。在这些具有比较优势的国家中，除中国外，其余都是发达国家和地区，表明发展中国家在世界文化贸易中的地位较弱。此外，在不具有比较优势的国家和地区中，亚洲国家占据绝大部分，其中包括新加坡、印度、韩国、日本和马来西亚。

表7-7　主要国家和地区文化产品出口RCA指数结果

国家和地区	2002~2011年			2002~2008年			2009~2011年		
	比重	RCA	排名	比重	RCA	排名	比重	RCA	排名
英国	2.8	3.28	1	2.89	3.23	1	2.7	3.4	1
加拿大	1.67	1.93	2	1.87	2.08	2	1.54	1.58	5
中国香港	1.62	1.88	3	1.66	1.86	3	1.48	1.95	3
瑞典	1.52	1.77	4	1.48	1.64	5	1.46	2.08	2
美国	1.45	1.71	5	1.43	1.62	6	1.39	1.93	4
瑞士	1.43	1.66	6	1.56	1.75	4	1.34	1.45	6
中国	1.27	1.47	7	1.38	1.53	7	1.21	1.33	8
德国	1.06	1.25	8	1.04	1.17	8	1.02	1.44	7
法国	0.94	1.11	9	0.95	1.06	10	0.93	1.23	9
西班牙	0.9	1.03	10	1	1.1	9	0.82	0.87	13
荷兰	0.85	1.01	11	0.83	0.94	12	0.82	1.17	11
丹麦	0.85	1	12	0.89	1	11	0.81	0.99	12
新加坡	0.64	0.77	13	0.52	0.59	17	0.69	1.21	10

续表

国家和地区	2002~2011年			2002~2008年			2009~2011年		
	比重	RCA	排名	比重	RCA	排名	比重	RCA	排名
比利时	0.63	0.74	14	0.67	0.75	14	0.6	0.73	14
意大利	0.61	0.72	15	0.63	0.71	15	0.59	0.73	15
印度	0.58	0.66	16	0.71	0.78	13	0.53	0.37	18
墨西哥	0.53	0.61	17	0.54	0.6	16	0.46	0.63	16
日本	0.33	0.38	18	0.33	0.37	18	0.31	0.41	17
韩国	0.29	0.33	19	0.3	0.34	19	0.26	0.32	19
马来西亚	0.18	0.21	20	0.17	0.19	20	0.17	0.26	20

资料来源：UNCTAD 创意经济数据库；经笔者整理和计算。

在国际金融危机前后，具有显著比较优势的英国排名没有发生变化。加拿大文化产品比较优势显著下降，其位置被瑞典所取代。美国 RCA 指数从 1.62 上升到 1.93，排名也从第六上升到第四。中国在两个阶段的 RCA 指数出现了一定程度的下降，使排名出现小幅下滑，反映出中国文化产品在国际市场上竞争能力的下降。此外，荷兰和新加坡文化产品出口从具有比较劣势转变为具有比较优势，反映出这些国家文化产品在国际市场上的竞争能力在逐渐增强。而日本、韩国和马来西亚的比较优势则在进一步下降。

其次，考虑文化产业细分部门在国际市场中的比较优势。表 7-8 给出了 2002~2011 年中国文化产业各部门在世界市场上 RCA 指数的平均值。在中国出口的六大类产品中，具有比较优势（RCA>1）的产品有 3 种，其中具有显著比较优势的产品（RCA>4）只有工艺品 1 种，具有较强比较优势的产品（2<RCA≤4）只有新媒体 1 种，其余 3 种产品都不具有比较优势（0<RCA≤1）。具体来看：

工艺品的 RCA 指数为 6.03，具有显著比较优势。工艺品占中国文化产品出口份额的 13.65%，出口/进口比率达到 391.12。工艺品既是所有文化产品中显性比较优势最大的产品，又是出口/进口比率最大的产品。

新媒体产品 RCA 指数为 2.04，具有较强比较优势。新媒体产品占中国文化产品出口份额的 42.3%，出口/进口比率达 3.28，同样表现出较强的出口贸易顺差。新媒体产品主要包括数字录制和电子游戏产品，电子游戏的 RCA 指数为 4.23，占到文化产品出口比重的 38.42%，出口/进口比率为 26.28。而数字录制产品的 RCA 指数仅为 0.3，仅占出口比重的 3.87%。因此，对于新媒体产品而言，电子游戏产品具有显著比较优势，而数字录制产品不具备比较优势。

视觉艺术产品的 RCA 指数为 1.94，具有较弱的比较优势。视觉艺术产品占中国文化产品出口份额的 30.36%，出口/进口比率达到 57.78，表现出较强的出口能力。具体来看，在视觉艺术产品包括的古董、绘画、摄影和雕塑四种产品中，各种类型产品的比较优势呈现出巨大差异。其中，雕塑 RCA 指数为 5.73，具有显著的比较优势，这也可以从其出口占中国文化产品出口比重和出口/进口比率中反映出来。而古董、绘画和摄影三种产品的 RCA 指数分别为 0.02、0.06 和 0.21，从而不具备任何比较优势。虽然绘画产品在出口中所占比例不高，但从出口/进口比率中可以看出，绘画产品依然保持较大的顺差。

在不具有比较优势的产品中，显示比较优势最大的为出版物（0.46），最小的为视听产品（0.003）。具体来看，在出版物中，书籍和其他出版物的比较优势相对报纸要高，报纸呈现出较大的逆差。在表演艺术中，音乐制品和音乐印刷品的 RCA 指数都非常小，接近于 0，这说明中国的音乐制品和音乐印刷品在世界市场上基本没有任何的比较优势，从两者占文化产品出口比重看，基本可以忽略不计。在视听产品中，电影的 RCA 指数为 0.003，与音乐制品和报纸类似，在国际市场上不具有比较优势。并且电影的出口/进口比率为 0.009，反映出电影是中国文化贸易中具有比较劣势的产品。

表 7-8　中国文化产品的 RCA 指数结果（2002~2011 年平均值）

产品类型	RCA 指数	占出口比重（%）	出口/进口
工艺品	6.03	13.65	391.12
庆祝用品	6.03	13.65	391.12
视听产品	0.003	0.001	0.009
电影	0.003	0.001	0.009

续表

产品类型	RCA 指数	占出口比重（%）	出口/进口
新媒体	2.04	42.30	3.28
数字录制	0.30	3.87	0.34
电子游戏	4.23	38.42	26.28
表演艺术	0.09	0.13	0.47
音乐制品	0.09	0.13	0.46
音乐印刷品	0.03	0.003	2.14
出版物	0.46	13.40	2.85
书籍	0.72	8.19	8.06
报纸	0.08	0.91	0.64
其他出版物	0.63	4.28	1.90
视觉艺术	1.94	30.36	57.78
古董	0.02	0.04	0.61
绘画	0.06	0.53	16.74
摄影	0.21	0.32	1.57
雕塑	5.73	29.46	133.2

资料来源：UNCTAD 创意经济数据库；经笔者整理和计算。

上述分析表明，在中国目前出口的文化产品中，以工艺品、新媒体和视觉艺术产品为代表的文化产品具有比较优势，这些产品主要以制造品为主，其文化含量相对较低。而属于文化产业的核心产品的出版物、表演艺术和视听产品的比较优势非常不显著，尤其是视听产品。

从细分部门来看，不同类型产品差异使其在国际市场上具有不同的比较优势。因此，需要进一步比较中国与主要国家和地区不同类型文化产品在国际市场上比较优势的差异。具体来看：

（1）工艺品。中国香港、波兰和泰国是中国工艺品在国际市场上最主要的竞争者（见表 7-9）。2002~2011 年，中国香港的工艺品 RCA 指数均值为 6.8，是全球最具竞争力的地区。波兰和泰国工艺品 RCA 指数均值分别为 1.5 和 1.5。中国工艺品 RCA 指数略低于中国香港，但远高于波兰和泰国。同时，不同年份各个国家和地区工艺品的比较优势表现出较大差异。香港地区工艺品 RCA 指数在 2002 年达到最大值 12.2 后，随后便处于持续下滑态势，并于 2011 年达到最小值 2.67。波兰和泰国同样呈现出类似特征，波兰从 2009 年开始工艺品丧失了比较优势，泰国在 2011 年也丧失了比较优势。与此相反，虽然中国工艺品比较优势略微下降，但依然具有显著比较优势，这种比较优势在 2007 年超过中国香港，成为全球工艺品比较优势最大的国家。

表 7-9　工艺品 RCA 指数结果比较

年份	中国	中国香港	波兰	泰国
2002	7.14	12.20	2.74	1.56
2003	7.34	9.73	2.00	1.61
2004	6.00	9.67	1.89	1.80
2005	5.45	8.46	1.81	1.78
2006	5.41	7.22	1.65	1.93
2007	5.79	5.57	1.30	1.53
2008	6.07	5.21	1.06	1.54
2009	5.74	3.86	0.85	1.14
2010	5.50	3.42	0.88	1.12
2011	5.84	2.67	0.78	0.95
平均值	6.03	6.80	1.50	1.50

资料来源：UNCTAD 创意经济数据库；经笔者整理和计算。

（2）视听产品。电影是视听产品中的主要产品。从表 7-10 中可以看出，加拿大和意大利的视听产品表现出显著的国际竞争力，这种优势在加拿大得到不断增强，在 2011 年达到 18.63，远超其余国家。意大利的视听产品 RCA 指数值在经历一段时期的上升后，在 2008 年开始下降，于 2011 年达到最小值 4.8，表现出意大利视听产品比较优势正在逐步丧失。印度视听产品 RCA 指数为 2.72，虽低于加拿大和意大利，但同样具有较强比较优势。值得注意的是，中国视听产品 RCA 指数几乎为零，说明中国在视听产品出口中不具备任何比较优势。2011 年，中国电影票房收入达 131.15 亿元，跃居全球第三位，但是，国内电影市场规模的不断扩大与中国电影在国际市场上没有任何竞争力呈现出强烈反差，这是中国电影生产和出口贸易需要重视的问题。

表 7-10　视听产品 RCA 指数结果比较

年份	中国	加拿大	意大利	印度
2002	0.008	8.60	6.11	3.90
2003	0.002	11.73	6.54	3.06
2004	0.001	11.58	8.15	2.95
2005	0.000	13.73	6.68	2.77
2006	0.003	13.66	8.67	2.47
2007	0.002	13.47	8.00	1.83
2008	0.001	14.93	7.23	2.76
2009	0.004	18.11	6.71	1.66
2010	0.003	17.99	6.12	3.13
2011	0.001	18.63	4.80	2.69
平均值	0.003	14.24	6.90	2.72

资料来源：UNCTAD 创意经济数据库；经笔者整理和计算。

（3）新媒体。中国新媒体产品的比较优势在 2002~2011 年基本上保持大于 1（RCA>1），显示出中国新媒体产品在国际市场具备较强的竞争力（见表 7-11）。在主要竞争国家和地区中，中国香港与中国内地的比较优势较为接近，而爱尔兰和奥地利表现出显著的比较优势。该时期爱尔兰的 RCA 指数均值为 4.95，奥地利的 RCA 指数均值为 5.67，这意味着奥地利的数字录制和电子游戏产品在国际市场中具备的竞争力要远超中国和中国香港。值得注意的是，奥地利、爱尔兰和中国的 RCA 指数都在不断下降，而中国香港 RCA 指数却在逐渐上升。

表 7-11　新媒体产品 RCA 指数结果比较

年份	中国	奥地利	爱尔兰	中国香港
2002	3.18	7.43	5.70	1.73
2003	2.70	6.95	6.19	1.74

续表

年份	中国	奥地利	爱尔兰	中国香港
2004	2.32	6.13	5.77	1.67
2005	2.31	6.60	5.77	1.69
2006	2.37	5.72	5.94	2.30
2007	1.66	4.44	4.27	3.25
2008	1.91	4.36	3.85	3.57
2009	1.39	4.09	2.73	3.44
2010	1.25	5.35	2.96	2.71
2011	1.37	5.58	6.28	2.28
平均值	2.04	5.67	4.95	2.44

资料来源：UNCTAD 创意经济数据库；经笔者整理和计算。

（4）出版物。表 7-12 显示了中国和主要竞争者的出版物 RCA 指数结果。中国出版物在整个时期都处在较弱的市场地位（RCA<1），但是一个重要的事实是，中国出版物的 RCA 指数从 2002 年的 0.35 增加到了 2011 年的 0.6，反映出中国出版物出口的发展潜力。加拿大、英国和瑞典的出版物在国际市场上具有较强的比较优势。加拿大 RCA 指数平均值为 3.69，但是，RCA 指数从 2002 年的 4.29 下降到 2011 年的 3.24。英国和瑞典 RCA 指数平均值分别为 2.95 和 2.77，这两个国家的比较优势都呈上升趋势，英国从 2002 年的 2.26 上升到 2011 年的 3.51，瑞典从 2002 年的 2.71 上升到 2011 年的 3.53，并在 2011 年都超过加拿大。2011 年，瑞典成为全球出版物最具竞争力的国家。

表 7-12　出版物 RCA 指数结果比较

年份	中国	加拿大	英国	瑞典
2002	0.35	4.29	2.26	2.71
2003	0.33	4.15	2.53	2.51
2004	0.36	4.00	2.89	2.52
2005	0.36	3.99	2.68	2.36
2006	0.44	4.04	2.51	2.52

续表

年份	中国	加拿大	英国	瑞典
2007	0.52	3.48	3.12	2.55
2008	0.56	3.58	3.12	2.82
2009	0.56	2.99	3.37	3.14
2010	0.57	3.13	3.47	3.02
2011	0.60	3.24	3.51	3.53
平均值	0.46	3.69	2.95	2.77

资料来源：UNCTAD 创意经济数据库；经笔者整理和计算。

（5）视觉艺术。视觉艺术产品包括古董、绘画、摄影、雕塑。表 7-13 显示该组产品的 RCA 指数结果。2002~2011 年，中国视觉艺术产品 RCA 指数平均值为 1.94，国际市场上具备一定程度的竞争力。但是，中国视觉艺术产品的比较优势发生了一个明显的变化，即视觉艺术产品 RCA 指数值从 2002 年的 2.77 下降到 2007 年的 1.33。在 2011 年，RCA 指数值上升到 2.24，但仍显著低于 2002 年。英国、瑞士和美国是中国视觉艺术产品在国际市场上最主要的竞争者。英国和瑞士视觉艺术产品 RCA 指数基本上都大于 4，显示出其显著的国际竞争力。值得注意的是，美国的视觉艺术产品 RCA 指数平均值要比英国和瑞士低，但从 2002 年的 1.75 上升到 2011 年的 3.00，因此，美国视觉艺术产品在国际市场上的竞争力在进一步增强。

表 7-13　视觉艺术产品 RCA 指数结果比较

年份	中国	英国	瑞士	美国
2002	2.77	5.84	4.68	1.75
2003	2.47	6.01	4.00	1.93
2004	2.16	6.44	4.41	2.20
2005	1.87	6.98	3.76	2.47
2006	1.68	5.90	4.38	2.81
2007	1.33	7.54	5.34	3.14
2008	1.41	6.42	4.54	3.57

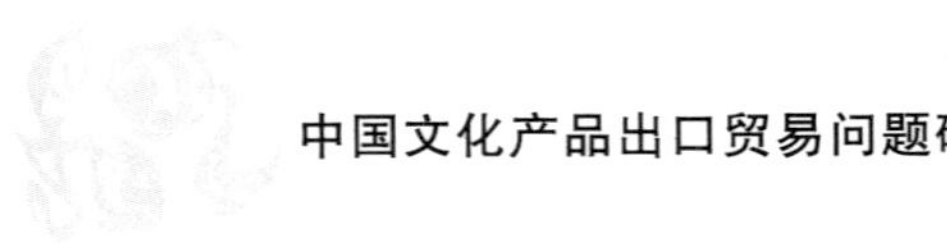

续表

年份	中国	英国	瑞士	美国
2009	1.67	5.56	3.65	3.65
2010	1.83	7.65	4.10	3.13
2011	2.24	6.92	3.58	3.00
平均值	1.94	6.53	4.24	2.77

资料来源：UNCTAD 创意经济数据库；经笔者整理和计算。

7.3.2 动态市场地位

评价产品的动态市场地位为我们观察其在国际市场上的位置提供了另外一个视角。本部分运用 Edwards 和 Schoer（2002）提出的动态显性比较优势指数分析 2002~2011 年中国与世界主要国家和地区文化产品出口的动态市场地位。

表 7-14 报告了 2002~2011 年主要国家和地区的“明日之星”“陨落之星”“后发撤退”“丧失机会”和“先发撤退”等类型产品的动态市场地位，由于所有国家和地区都不涉及“后发机会”类型的文化产品，本部分在此没有列出该类型结果。

表 7-14 2002~2011 年主要国家和地区文化产品出口动态市场地位

国家和地区	明日之星	陨落之星	后发撤退	丧失机会	先发撤退
墨西哥	59.3	0	0	8.3	32.5
新加坡	58.7	9.4	0	0.1	31.8
荷兰	54.3	12.6	0	0	33.2
中国香港	45.2	0.1	0	24.5	30.3
德国	45	0.1	0	0	54.9
日本	41.7	0	0	0	58.3
丹麦	41.6	0	0	54.3	4
瑞典	33.7	0.7	0	4	61.7
美国	31	38	0	0	31

续表

国家和地区	明日之星	陨落之星	后发撤退	丧失机会	先发撤退
马来西亚	25	8.5	0	0	66.5
印度	13.5	0	0	59.8	26.7
意大利	8.7	0	0	0	91.3
加拿大	8.2	13.7	0	78.1	0
西班牙	0	0.5	16	82.2	1.4
瑞士	0	0.6	10.1	60.3	29.1
中国	0	0	42.6	44	13.4
比利时	0	3.8	18.8	11.4	66
法国	0	28.8	18.8	0.9	51.6
英国	0	47.6	16.5	0.3	35.6
韩国	0	32.3	17	0	50.7

资料来源：UNCTAD 创意经济数据库；经笔者整理和计算。

在对不同国家和地区文化产品所属类型比较后发现，大部分国家和地区存在“明日之星”类型，其中，墨西哥、新加坡和荷兰该类型的出口份额占文化产品总出口份额超过50%。中国香港、德国、日本、丹麦该类型的出口份额占文化产品总出口份额超过40%。其他拥有该类型文化产品的国家和地区出口份额在8.2%~37.3%。这些国家和地区文化产品出口处于较为理想的位置，因为出口产品的份额在上升，并且世界市场需求也在增长。此外，英国的“陨落之星”类型产品占的份额最高。意大利、马来西亚、比利时的“先发撤退”产品类型所占比例最高。在“丧失机会”类型产品中，西班牙的比重最大，这意味着西班牙的文化产品在世界市场需求增长的情况下大部分部门丢失了市场份额。

在中国出口的文化产品中，44%的文化产品属于“丧失机会”类型，这表明中国大部分文化产品的比较优势在下降，其占中国文化产品出口的比重在下降，而该部分产品在世界市场上的出口比重却在上升；42.6%属于“后发撤退”类型，表明该部门文化产品的比较优势在上升，但这部分产品在中国文化产品出口比重中的下降幅度要大于其在世界出口市场中的下降幅度；13.4%属于“先发撤退”，表明在中国文化产品出口中，13.4%

产品的比较优势在下降，但是其占中国文化产品出口比重下降的幅度要大于世界市场需求下降幅度；而属于“明日之星”和“陨落之星”类型的产品份额基本为0，代表中国文化产品出口成功转型的“明日之星”类型产品份额几乎为零，这对中国来说不是一个好消息。

图7-1显示了2003~2008年和2009~2011年两个时期中国每种类型文化产品份额的变化。从中可以发现，处于“明日之星”和“后发机会”两种类型的文化产品份额在两个时期都为零，而属于“陨落之星”“后发撤退”“丧失机会”和“先发撤退”类型产品在两个时期也不一致。“陨落之星”和“后发撤退”两种类型产品在第二个时期内的份额均大幅度增长，分别从12.23%、0上升到33.62%和15.23%，这说明比较优势上升的文化产品面对的国际市场需求在下降。而“先发撤退”和“丧失机会”两种类型产品份额都在显著下降，相应份额分别从42.16%和45.6%下降到13.3%和0，在这些比较优势下降的产品中，其出口份额占中国文化产品出口比重都在下降。由此说明，近十年来中国文化产品出口的转型是不成功的。

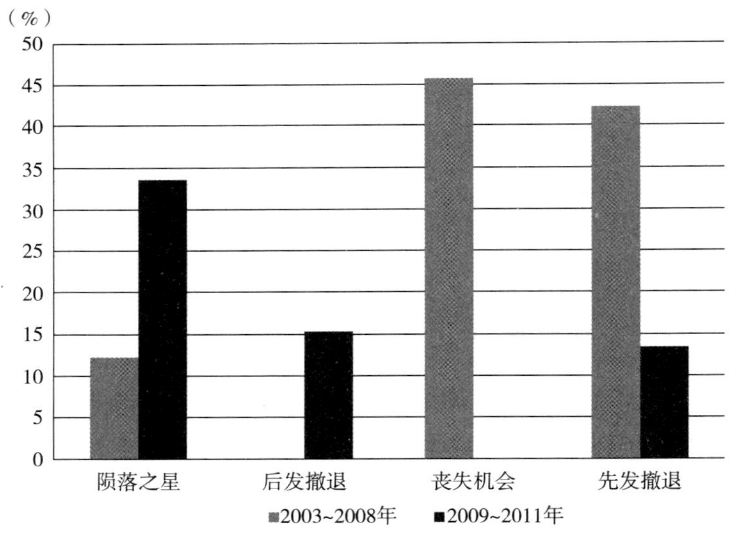

图7-1　中国文化产品动态市场地位变化

资料来源：根据本文计算结果绘制。

考虑细分部门在不同时期的市场地位变化。本部分只计算了五个大类部门，表7-15报告了各部门在不同时期的市场位置变化情况。对大部分文化部门而言，其市场类型没有发生明显改变。工艺品一直以来都属于“先发撤退”类型，说明工艺品的比较优势在下降，主要是由于世界市场需求下降幅度大于其占中国文化产品出口份额的下降幅度。视听产品属于“陨落之星”类型，虽然其在世界出口份额中的比重在下降，但是占中国文化产品出口比重及比较优势都是在上升的。新媒体产品从2002~2008年的“丧失机会”转变为“先发撤退”类型，说明全球市场需求在下降，并且下降幅度大于其占中国文化产品出口份额下降幅度。但是，新媒体产品中的数字录制和电子游戏表现出不同特征。数字录制产品类型从“明日之星”转变为“后发撤退”，表明中国数字录制产品的比较优势在下降，主要是因为其在中国文化产品出口份额中的下降幅度大于其在世界需求的下降幅度。而电子游戏产品类型变化表明世界市场需求在下降，并且下降幅度大于其占中国出口份额的下降幅度。

出版物的比较优势虽然在上升，但是世界市场对出版物的需求在下降，并且在第二时期中国出版物占文化产品出口比重下降幅度要大于其在世界市场份额中下降的幅度。从细分产品看，书籍、报纸和其他出版物所处的类型呈现出差异性。书籍属于“后发撤退”类型，并且在两个时期都没有发生变化，而报纸和其他出版物的类型发生了不同的变化，从“陨落之星”转变为“先发撤退”和“后发撤退”。这说明了中国报纸出口的比较优势在下降，并且主要是由世界市场对报纸的需求下降幅度大于其占中国文化产品出口比重下降幅度造成的。对于其他出版物而言，虽然比较优势在上升，但是其占中国文化产品比重依然在下降，并且这种下降幅度要大于世界市场份额的下降幅度。

视觉艺术产品从“先发撤退”类型变为“陨落之星”类型，表明在两个时期视觉艺术产品的比较优势由下降转为上升，这主要是由于中国供给层面因素的影响，其占中国文化产品出口份额在上升。分产品看，古董和摄影产品所处的类型都没有发生变化。绘画产品虽然在整个样本期间属于“陨落之星”类型，但是其在2002~2008年属于“明日之星”类型，由于世界市场需求的下降，在2009~2011年转变为“陨落之星”。由此表明，国际金融危机对世界绘画产品的需求影响较大。对于雕塑产品而言，其所

处类型从“先发撤退”转变为“明日之星”，不仅表明了中国雕塑产品的比较优势在上升，而且还说明了其占中国文化产品出口比重上升幅度大于世界市场需求上升幅度，意味着这种产品在未来出口中将具有更大的发展前景。

表 7-15　中国文化产品细分部门动态市场地位

产品类型	2002~2011 年	2002~2008 年	2009~2011 年
工艺品	先发撤退	先发撤退	先发撤退
视听产品	陨落之星	陨落之星	陨落之星
电影	陨落之星	陨落之星	陨落之星
新媒体	丧失机会	丧失机会	先发撤退
数字录制	明日之星	明日之星	后发撤退
电子游戏	先发撤退	丧失机会	先发撤退
出版物	后发撤退	陨落之星	后发撤退
书籍	后发撤退	后发撤退	后发撤退
报纸	陨落之星	陨落之星	先发撤退
其他出版物	陨落之星	陨落之星	后发撤退
视觉艺术	先发撤退	先发撤退	陨落之星
古董	先发撤退	先发撤退	先发撤退
绘画	陨落之星	明日之星	陨落之星
摄影	陨落之星	陨落之星	陨落之星
雕塑	先发撤退	先发撤退	明日之星

资料来源：笔者计算所得。

7.4　本章小结

本章主要集中评价中国文化产品在国际市场上的竞争力变化，主要包括两个方面：一是分析中国文化产品在国际市场上的竞争地位；二是确定相对更有发展前景并且应该优先推广的出口行业，以改善和扩大出口增长和发展的可能性。根据研究目的，我们运用出口相似性指数和产品相似性指数来分析中国文化产品在国际市场上的竞争地位，运用静态显性比较优势和动态显性比较优势两个指标研究未来可能存在改进空间的行业。

基于出口相似性分析，中国与主要国家和地区在世界市场上的竞争激烈程度相比世界市场上最高相似度的国家和地区明显要低。在世界市场上，美国、日本和印度等国是中国文化产品出口的主要竞争者，而奥地利、西班牙和加拿大与中国文化产品出口相似程度较低。在美国市场上，中国主要竞争对手是日本和中国香港，反映出在相同市场上具有文化同源性的国家间竞争更为激烈。

基于比较优势指数分析发现，国家间对于具有比较优势的产品品种而言是相对异质性的，而对具有比较优势的部门出口对总收入的贡献而言是相对同质的。不同国家和地区可能有许多部门，但是，出口收入主要来源于具有比较优势的部门。在中国目前出口的文化产品中，工艺品、新媒体和视觉艺术产品具有比较优势，这些产品主要以制造品为主。而出版物、表演艺术和视听产品等核心文化产品的比较优势不显著，尤其是视听产品。从动态比较优势来看，中国出口的文化产品中44%属于“丧失机会”类型，42.6%属于“后发撤退”类型，13.4%属于“先发撤退”，而属于“明日之星”和“陨落之星”类型的产品出口份额基本为零。从细分部门市场地位变化来看，工艺品属于“先发撤退”类型，视听产品属于“陨落之星”类型，新媒体产品属于“丧失机会”类型，出版物属于“后发撤退”类型，视觉艺术产品属于“先发撤退”类型。

08

结论与展望

本书共分四部分。第 1 章和第 8 章构成本书的绪论和结论，对全书研究内容起到归纳和总结的作用。第 2 章的相关理论和文献综述是本书的研究基础。第 3 章和第 4 章对本书提出的问题进行初步分析。第 5~7 章进一步对本书研究的问题进行深化，分别从宏观层面、微观层面和国际竞争力三个维度运用实证分析详细探讨中国文化产品出口影响因素。本章对上述章节的研究结论进行总结和回顾，并提出政策建议和今后的研究方向。

8.1 主要结论

本书在前面各章着重讨论了以下问题：全球文化贸易发展环境；中国文化产品出口贸易的发展变化；从宏观层面、微观层面和竞争力层面讨论了影响中国文化产品出口贸易的主要因素。在进行全面的理论和实证分析之后，本书得到了以下主要结论：

（1）文化产品具有的经济和文化双重属性，使贸易保护成为当前国际文化贸易的主旋律。WTO 多边贸易协定中涉及的“文化例外”和 UNESCO 提出的保护文化多样性，为各国实施文化贸易保护提供了法律依据。各国设立了多种形式的文化贸易保护措施，包括关税、数量限制、知识产权保护缺失、对视频征税、补贴等。总的来看，发达国家文化贸易壁垒程度普遍高于欠发达国家，非英语国家的文化贸易壁垒程度要高于英语国家。从居民对文化贸易保护的态度上看，一个国家经济发展水平越高，居民则越倾向于支持文化贸易开放；贸易保护政策越严格的国家，居民则越倾向于支持文化贸易保护。

（2）自 2002 年以来，中国文化产品出口呈现良好发展势头，贸易规模不断扩大，总体上呈顺差态势，并且这种顺差还在不断扩大。但是，产

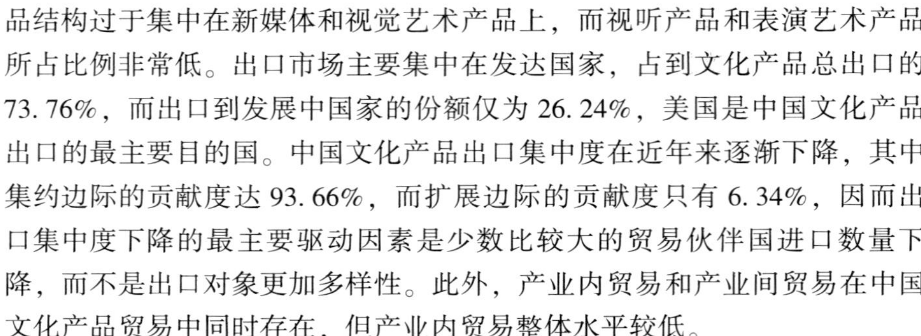

品结构过于集中在新媒体和视觉艺术产品上，而视听产品和表演艺术产品所占比例非常低。出口市场主要集中在发达国家，占到文化产品总出口的73.76%，而出口到发展中国家的份额仅为26.24%，美国是中国文化产品出口的最主要目的国。中国文化产品出口集中度在近年来逐渐下降，其中集约边际的贡献度达93.66%，而扩展边际的贡献度只有6.34%，因而出口集中度下降的最主要驱动因素是少数比较大的贸易伙伴国进口数量下降，而不是出口对象更加多样性。此外，产业内贸易和产业间贸易在中国文化产品贸易中同时存在，但产业内贸易整体水平较低。

（3）中国文化产品出口贸易流量和流向变化的宏观影响因素包括国内文化产业规模、文化距离，以及进口国的经济规模、全球化水平和技术基础设施。文化距离虽然对中国文化产品具有显著负向影响，但进口国经济规模对中国文化产品出口促进作用更大。分行业看，中国文化产业规模对出版物和新媒体出口影响大于视觉艺术产品和工艺品，而进口国经济发展水平对各种产品出口影响基本相同。国内人口规模对新媒体、出版物和工艺品的负面影响更大，而对视觉艺术产品出口影响相对较小。文化距离对工艺品、新媒体和出版物具有显著的负向影响，而对视觉艺术出口影响不显著。互联网普及率对出版物和视觉艺术的出口存在显著相关性，但对两者的影响效应相反。

（4）中国文化产品出口变动的微观影响因素来自竞争力效应、产品结构效应和地理结构效应。竞争力效应对出口市场份额的平均贡献为-1.5%，而结构效应对出口市场份额的贡献是7.8%。因此，中国文化产品出口市场份额总体变化主要是由结构效应带来的，并且地理结构效应是结构效应对总效应产生正向贡献的主要因素，产品结构效应对结构效应的贡献为负。比较中国、日本、韩国和印度文化产品出口变化成因发现，中国和韩国文化产品出口总体市场份额在不断增加，而日本和印度的总体市场份额在不断下降，并且竞争力效应是韩国、日本和印度文化产品市场份额演变的主导因素，但不是中国出口市场份额演变的主要因素。

（5）中国文化产品出口与主要国家和地区在世界市场上的竞争激烈程度普遍要低于相似度最高的国家和地区。美国、日本和印度是中国文化产品在世界市场上的主要竞争者，日本和中国香港是中国文化产品在美国市场上的主要竞争者。虽然中国文化产品在国际市场上具有一定的比较优势，但相比发达国家而言，这种比较优势依然较弱。在出口的文化产品中，工艺品、新媒体和视觉艺术产品具有比较优势，而出版物、表演艺术和视听产品等核心文化产品的比较优势不显著，尤其是视听产品，并且工艺品、新媒体、出版物、视觉艺术的比较优势都处于下降中，但视听产品的比较优势在逐渐上升。

8.2 相关政策建议

本书的研究指出了国际文化贸易发展环境及中国文化产品出口现状和发展趋势的一些重要特点，同时也从理论和实证上证明了文化贸易的复杂性，影响文化产品出口的因素是多方面的，有供给层面因素也有需求层面因素，有产品层面因素也有市场层面因素。这些经验事实对当前的中国文化产业发展政策均有一定的指导意义。具体对策建议如下：

(1) 加大谈判和协商力度，降低“文化例外”对文化贸易的影响。由于文化产品的特殊性，主要国家和地区在 WTO 多边贸易协定中的“文化例外”条款及 UNESCO 关于保护和促进文化多样性协定基础上，采用各种形式的文化贸易保护措施，在很大程度上阻碍了文化贸易的发展。因此，政府部门及相关的文化主管部门应积极参与到国际文化事务中，加强与主要文化贸易国之间的谈判和磋商，在不损害双方利益的前提下，逐渐取消对相关文化产品的贸易限制，减轻或消除相互间的文化贸易壁垒，促进国家间、民族间文化自主和平等地交流。

(2) 实施市场结构多元化策略。中国目前文化产品出口集中度过高，不仅加大了中国拓展其他市场的难度，而且加剧了中国文化产品出口贸易风险，不利于中国文化产品出口的持续、稳定发展。因此，需要针对不同市场特征采取多元化的策略。首先，继续巩固中国在美国和欧洲市场的产品出口份额。由于经济发展水平高的国家对中国文化产品具有显著的促进作用，并且居民有消费多样性文化产品的需求，通过调整出口的文化产品结构和提升文化产品的质量，进一步提高在这些地区的出口贸易额。其次，注重与中国的文化相似程度较高地区的市场开拓。亚洲国家与中国具

有相近的历史文化，但受到经济发展水平的影响，中国与亚洲国家的文化贸易额并不高，今后应重点加强对这些国家的市场开发。

（3）实施差异化支持战略，提升各行业的竞争力。通过实施战略性贸易政策，鼓励和支持国有文化企业、民营文化企业及其他各种类型所有制文化企业从事国家法律、法规允许经营的对外文化贸易业务。针对不同行业产品的出口，制定差异化的扶持政策。对于工艺品、新媒体和视觉艺术等文化制造品的出口，应当加以鼓励，并给予相应的政策支持；而对于视听产品和表演艺术等核心文化产品的出口，应重点创造合适的制度环境，同时配以相应的政策加以鼓励。

（4）加强文化产品出口中介组织的建设。中介组织的建设不仅可以帮助文化企业提供国外最新的文化贸易政策，反映国外居民文化消费的变化趋势，而且还可以消除出口贸易中的信息不对称，降低贸易成本。主要可以通过建设文化产品出口交易平台、借助电子商务采用新型文化贸易模式、完善文化贸易公共信息服务平台及健全行业中介组织建设等措施，为文化企业积极开拓文化产品出口渠道提供支持和帮助。

（5）加强财政政策和金融服务支持力度，为文化贸易的发展提供良好的环境。文化产业的发展需要合适的制度和政策环境。在运用财政政策和金融政策加强对文化产业发展扶持的基础上，还需要充分发挥财政资金的杠杆作用，在文化产品出口和文化贸易的人才培养等方面给予重点支持，同时鼓励金融机构探索适合国际文化贸易特点的信贷产品和贷款模式。

8.3 未来研究方向

本书对中国文化产品出口问题进行了较为深入的研究，但受理论不完善和数据可获得性的限制，本书在以下几个方面可以进一步完善：

首先，本书只对文化贸易壁垒进行描述性统计分析，并没有涉及文化贸易壁垒对于企业进入决定和贸易量的影响。因此，在进一步的研究中可以分析文化贸易壁垒究竟如何对文化产品出口贸易产生影响及影响程度如何。

其次，在进一步研究文化产品贸易影响因素时，有必要使用动态面板数据，考虑进口国消费偏好的演变对中国文化产品出口贸易的影响。本书在分析影响文化产品贸易的宏观因素时，只采用静态面板数据。与其他产品相比，文化产品的特殊性在于它的需求取决于消费者品位的养成。也就是说，文化产品消费是一个在消费中不断学习的过程，消费者在消费文化产品的过程中，不断提升自身的品位，从而才能实现消费文化产品或服务的效用最大化。

最后，在未来的研究中还可以关注影响出口的其他因素。例如，考虑利用案例分析来研究企业资源和战略导向如何影响文化产品的出口选择。此外，不同出口国之间文化产品出口贸易影响因素的比较研究有待进一步深化。

参考文献

[1] Akerlof G. A., Kranton R. E. Economics and Identity [J]. The Quarterly Journal of Economics, 2000 (3): 715-753.

[2] Amador J., Cabral S. The Portuguese Export Performance in Perspective: A Constant Market Share Analysis [R]. Banco de Portugal Economic Bulletin, 2008: 201-221.

[3] Anderson J. E., Van Wincoop E. Trade Costs [R]. National Bureau of Economic Research, 2004.

[4] Anderson J. E. A Theoretical Foundation for the Gravity Equation [J]. American Economic Review, 1979 (1): 106-116.

[5] Antimiani A., Henke R. Old and New Partners: Similarity and Competition in the EU Foreign Agri-food Trade 1 [J]. Acta Agriculturae Scand Section C, 2007 (3): 129-138.

[6] Aoyama Y. The Role of Consumption and Globalization in a Cultural Industry: The Case of Flamenco [J]. Geoforum, 2007 (1): 103-113.

[7] Bala V., Van Long N. International Trade and Cultural Diversity with Preference Selection [J]. European Journal of Political Economy, 2005 (1): 143-162.

[8] Balassa B. Trade Liberation and Revealed Competitive Advantage [J]. The Manchester School of Economic and Social Studies, 1965 (7).

[9] Bekhuis H., Meuleman R., Lubbers M. Globalization and Support for National Cultural Protectionism from a Cross-national Perspective [J]. European Sociological Review, 2013 (5): 1040-1052.

[10] Bekkali M. A. The Economics of Protection of Cultural Goods [M]. Iowa State University, 2007.

[11] Bergstrand J. H. The Generalized Gravity Equation, Monopolistic Competition, and the Factor-proportions Theory in International Trade [J]. Review of Economics and Statistics, 1989 (1): 143-153.

[12] Beviglia-Zampetti A. WTO Rules in the Audio-Visual Sector [J]. Cultural Diversity and International Economic Integration: The Global Governance of the Audio-visual Sector, 2005: 261.

[13] Bielby D. D., Harrington C. L. Managing Culture Matters: Genre, Aesthetic Elements, and the International Market for Exported Television [J]. Poetics, 2004 (1): 73-98.

[14] Billiet J., Meuleman B. Measuring Attitudes toward Immigration in Europe: The Cross-cultural Validity of the ESS Immigration Scales [J]. ASK. Research & Methods, 2012 (21): 5-29.

[15] Boisso D., Ferrantino M. Economic Distance, Cultural Distance, and Openness in International Trade: Empirical Puzzles [J]. Journal of Economic Integration, 1997 (3): 456-484.

[16] Bourdieu P. Distinction: A Social Critique of the Judgement of Taste [M]. Harvard University Press, 1984.

[17] Brülhart M. Marginal Intra-industry Trade: Measurement and Relevance for the Pattern of Industrial Adjustment [J]. Review of World Economics, 1994 (3): 600-613.

[18] Chaney T. Distorted Gravity: The Intensive and Extensive Margins of International Trade [J]. The American Economic Review, 2008 (4): 1707-1721.

[19] Chan-Olmsted S. M., Cha J. Exploring the Antecedents and Effects of Brand Images for Television News: An Application of Brand Personality Construct in a Multichannel News Environment [J]. The International Journal on Media Management, 2008 (1): 32-45.

[20] Cheng S. W. Cultural Goods Creation, Cultural Capital Formation, Provision of Cultural Services and Cultural Atmosphere Accumulation [J]. Journal of Cultural Economics, 2006 (4): 263-286.

[21] Cheptea A. Trade in Cultural Goods and Social Networks [EB/OL]. http: //www. eea - esem. com/files/papers/EEA - ESEM/2006/2576/cult%

20goods%20soc%20net. pdf.

[22] Chiu P., Chan-Olmsted S. M. The Impact of Cable Television on Political Campaigns in Taiwan [J]. International Communication Gazette, 1999 (6): 491-509.

[23] Collins Cobuild. Collins COBUILD Advanced Learner's English Dictionary [M]. Collins Cobuild, 2006.

[24] Conconi P., Pauwelyn J. Trading Cultures: Appellate Body Report on China Audiovisuals [J]. World Trade Review, 2011 (1): 95.

[25] Cowan T. The Promise of Global Culture [J]. Published in Creative Destruction: How Globalization is Changing the World's Cultures, 2002.

[26] Cowen T. Creative Destruction: How Globalization is Changing the World's Cultures [M]. Princeton: Princeton University Press, 2002.

[27] De Sola C. The Spirit Moves: A Handbook of Dance and Prayer [C]. Liturgical Conference, 1977.

[28] Derado D., Mlikota A. Is Croatia Ready for the EMU? An Ex Ante Analysis of Nominal and Real Convergence [J]. Ekonomska Misao i Praksa, 2007 (2): 113-146.

[29] Disdier A. C., Head K., Mayer T. Exposure to Foreign Media and Changes in Cultural Traits: Evidence from Naming Patterns in France [J]. Journal of International Economics, 2010 (2): 226-238.

[30] Disdier A. C., Tai S. H. T., Fontagné L., et al. Bilateral Trade of Cultural Goods [J]. Review of World Economics, 2010 (4): 575-595.

[31] Dixit A. K., Stiglitz J. E. Monopolistic Competition and Optimum Product Diversity [J]. The American Economic Review, 1977, 67 (3): 297-308.

[32] Dixit, Avinash K., Stiglitz Joseph E. Monopolistic Competition and Optimal Product Diversity [J]. American Economic Review, 1977 (67): 297-308.

[33] Dreher A. Does Globalization Affect Growth? Evidence from a New Index of Globalization [J]. Applied Economics, 2006 (10): 1091-1110.

[34] Eaton B. C., Pendakur K., Reed C. G. Socializing, Shared Experience and Popular Culture [M]. Simon Fraser University, Department of Economics, 2000.

[35] Eaton E., Krugman P. R. Market Structure and Foreign Trade: Increasing Returns, Imperfect Competition, and the International Economy [M]. MIT Press, 1985.

[36] Eaton J., Kortum S. Technology and Bilateral Trade [R]. National Bureau of Economic Research, 1997.

[37] Edensor T. National Identity, Popular Culture and Everyday Life [M]. Oxford: Berg, 2002.

[38] Edwards L., Schoer V. Measures of Competitiveness: A Dynamic Approach to South Africa's Trade Performance in the 1990s [J]. South African Journal of Economics, 2002 (6): 1008-1046.

[39] Eichengreen B., Irwin D. A. The Role of History in Bilateral Trade Flows [M]. The Regionalization of the World Economy. University of Chicago Press, 1998: 33-62.

[40] Evenett S. J., Keller W. On Theories Explaining the Success of the Gravity Equation [R]. National Bureau of Economic Research, 1998.

[41] Fang L. Q. When Chinese Animations Meet Globalization [D]. Erasmus University, 2007.

[42] Felbermayr G. J., Toubal F. Cultural Proximity and Trade [J]. European Economic Review, 2010 (2): 279-293.

[43] Ferreira F., Waldfogel J. Pop Internationalism: Has Half a Century of World Music Trade Displaced Local Culture? [J]. The Economic Journal, 2013 (5): 634-664.

[44] Finger J. M., Kreinin M. E. A Measure of "Export Similarity" and Its Possible Uses [J]. Economic Journal, 1979 (356): 905-912.

[45] Foad H. Swapping Print the Impact of Immigration and the Internet on International Trade in Newspapers [R]. 2007.

[46] Foresti G. An Attempt to Explain the Italian Export Market Share Dynamics during the Nineties [R]. CSC Working Paper 47, Centro Studi Confindustria, Italy, 2004.

[47] Francois P., Van Ypersele T. On the Protection of Cultural Goods [J]. Journal of International Economics, 2002 (2): 359-369.

[48] Gagné G. Free Trade and Cultural Policies: Evidence from Three US Agreements [J]. Journal of World Trade, 2011 (6): 1267-1284.

[49] Garnaut R. Open Regionalism: Its Analytic Basis and Relevance to the International System [J]. Journal of Asian Economics, 1994 (2): 273-290.

[50] Garzón, G. A., Cano, G. Poussin. Culture, Trade and Globalization: Questions and Answers [M]. Division of Creativity, Cultural Industries and Copyright, Sector for Culture, UNESCO, 2003.

[51] Ginarte J. C., Park W. G. Determinants of Patent Rights: A Cross-national Study [J]. Research Policy, 1997 (3): 283-301.

[52] Goodenough O. R. Defending the Imaginary to the Death—Free Trade, National Identity, and Canada's Cultural Preoccupation [J]. Ariz. J. Int'l & Comp. L., 1998 (15): 203.

[53] Graber C. B. The New UNESCO Convention on Cultural Diversity: A Counterbalance to the WTO? [J]. Journal of International Economic Law, 2006 (3): 553-574.

[54] Grant P. S. The UNESCO Convention on Cultural Diversity: Cultural Policy and International Trade in Cultural Products [R]. The Handbook of Global Media and Communication Policy, 2011: 336-352.

[55] Grasstek V. Treatment of Cultural Goods and Services in International Trade Agreements [R]. Mimeo, 2005.

[56] Grubel H. G., Lloyd P. J., Lloyd P. J. Intra-industry Trade: The Theory and Measurement of International Trade in Differentiated Products [M]. London: Macmillan, 1975.

[57] Guiso L., Sapienza P., Zingales L. Cultural Biases in Economic Exchange? [J]. The Quarterly Journal of Economics, 2009 (3): 1095-1131.

[58] Gujarati D. Basic Econometrics, 4th edn [M]. New York: McGraw-Hill, 2003.

[59] Hanson G. H., Xiang C. International Trade in Motion Picture Services [M]. International Trade in Services and Intangibles in the Era of Globalization. University of Chicago Press, 2009: 203-222.

[60] Hanson G., Xiang C. Trade Barriers and Trade flows with Product

Heterogeneity: An Application to US Motion Picture Exports [J]. Journal of International Economics, 2011 (1): 14-26.

[61] Head K., Ries J. Immigration and Trade Creation: Econometric Evidence from Canada [J]. Canadian Journal of Economics, 1998 (2): 47-62.

[62] Head K., Ries J. Overseas Investment and Firm Exports [J]. Review of International Economics, 2001 (1): 108-122.

[63] Helpman E., Melitz M., Rubinstein Y. Estimating Trade Flows: Trading Partners and Trading Volumes [J]. The Quarterly Journal of Economics, 2008 (2): 441-487.

[64] Hervas-Drane A., Noam E. Peer-to-Peer File Sharing and Cultural Trade Protectionism [J]. Information Economics and Policy, 2017 (41): 15-27.

[65] Hofstede G. H. Culture's Consequences: Comparing Values, Behaviors, Institutions and Organizations across Nations [M]. Sage, 2001.

[66] Hoskins C., Mirus R. Reasons for the US Dominance of the International Trade in Television Programmes [J]. Media, Culture & Society, 1988 (4): 499-504.

[67] Hwang H. C. International Trade in Unique Artworks: A Panel Data Analysis [J]. Journal of Culture Economics, 2013 (2).

[68] Inda J. X., Rosaldo R. The Anthropology of Globalization: A Reader [M]. Blackwell Publishers, 2002.

[69] Inglehart R., Baker W. E. Modernization, Cultural Change, and the Persistence of Traditional Values [J]. American Sociological Review, 2000 (1): 19-51.

[70] Ivus O. Trade-related Intellectual Property Rights: Industry Variation and Technology Diffusion [J]. Canadian Journal of Economics/Revue canadienne d'économique, 2011 (1): 201-226.

[71] Janeba E. International Trade and Consumption Network Externalities [J]. European Economic Review, 2007 (4): 781-803.

[72] Jiménez N., Martın E. A Constant Market Share Analysis of the Euro Area in the Period 1994-2007 [J]. Banco de España Economic Bulletin, 2010

(1): 105-120.

[73] Katz E. Broadcasting in the Third World: Promise and Performance [M]. Harvard University Press, 1977.

[74] Kearney P. M., Whelton M., Reynolds K., et al. Global Burden of Hypertension: Analysis of Worldwide Data [J]. The Lancet, 2005 (9): 217-223.

[75] Klamer A. Cultural Goods are Good for More than Their Economic Value [J]. Culture and Public Action, 2004: 138-162.

[76] Klasova S. International Trade in Creative Goods the Case of Slovakia [J]. The 3rd Winter Seminar of Regional Science, 2013.

[77] Kogut B., Singh H. The Effect of National Culture on the Choice of Entry Mode [J]. Journal of International Business Studies, 1988 (3): 411-432.

[78] Kretschmer M., Klimis G. M., Choi C. J. Increasing Returns and Social Contagion in Cultural Industries [J]. British Journal of Management, 1999 (s1): 61-72.

[79] Kroeber A. L., Kluckhohn C. Culture: A Critical Review of Concepts and Definitions [M]. New York: Random House , 1952.

[80] Krugman P. Scale Economies, Product Differentiation, and the Pattern of Trade [J]. The American Economic Review, 1980, 70 (5): 950-959.

[81] Larkin B. Indian Films and Nigerian Lovers: Media and the Creation of Parallel Modernities [J]. Africa, 1997 (3): 406-440.

[82] Lash S., Urry J. Economies of Signs and Space [M]. Sage, 1994.

[83] Lee F. L. F. Cultural Discount and Cross-culture Predictability: Examining the Box Office Performance of American Movies in Hong Kong [J]. Journal of Media Economics, 2006 (4): 259-278.

[84] Lee S. W., Waterman D. Theatrical Feature Film Trade in the United States, Europe, and Japan since the 1950s: An Empirical Study of the Home Market Effect [J]. Journal of Media Economics, 2007 (3): 167-188.

[85] Lorimer R. Intellectual Property, Moral Rights, and Trading Regimes: A Publishing Perspective [J]. Canadian Journal of Communication, 1996 (2).

[86] Magder T. Transnational Media, International Trade and the Idea of

Cultural Diversity [J]. Continuum: Journal of Media & Cultural Studies, 2004 (3): 380-397.

[87] Maru File K., Cermak D. S. P., Alan Prince R. Word-of-mouth Effects in Professional Services Buyer Behaviour [J]. Service Industries Journal, 1994 (3): 301-314.

[88] Marvasti A., Canterbery E. Cultural and Other Barriers to Motion Pictures Trade [J]. Economic Inquiry, 2005 (1): 39-54.

[89] Marvasti A. International Trade in Cultural Goods: A Cross-sectional Analysis [J]. Journal of Cultural Economics, 1994 (2): 135-148.

[90] Masood M. New Evidence on Development and Cultural Trade: Diversification, Reconcentration and Domination [EB/OL] http: //hal. archives-ouvertes. fr/docs/00/78/41/61/PDF/redaction_5. 4. pdf.

[91] Mauro F., Anderton R., Ernst E., et al. Competitiveness and the Export Performance of the Euro Area [R]. European Central Bank, 2005.

[92] Melitz J. Language and Foreign Trade [J]. European Economic Review, 2008 (4): 667-699.

[93] Melitz M. J. The Impact of Trade on Intra-industry Reallocations and Aggregate Industry Productivity [J]. Econometrica, 2003 (6): 1695-1725.

[94] Milana. Constant-market-shares Analysis and Index Number Theory [J]. European Journal of Political Economy, 1988 (4): 453-478.

[95] Modernity al large: Cultural Dimensions of Globalization [M]. University of Minnesota Press, 1996.

[96] Molteni L., Ordanini A. Consumption Patterns, Digital Technology and Music Downloading [J]. Long Range Planning, 2003 (4): 389-406.

[97] Munnik D., Jacob J., Sze W. The Evolution of Canada's Global Export Market Share [R]. Bank of Canada, 2012.

[98] Nelson P. Information and Consumer Behavior [J]. The Journal of Political Economy, 1970, 78 (2): 311-329.

[99] Neuwirth R. J. "Novel Food" for thought on Law and Policymaking in the Global Creative Economy [J]. European Journal of Law and Economics, 2013 (10): 1-38.

［100］ Neuwirth, Rostam Josef. The Cultural Industries as a Regulatory Challenge for International Trade Law: Insights from the NAFTA, the WTO and the EU ［M］. Florence, European University Institute, 2005.

［101］ Nurse, K. The Creative Sector in Caricom: The Economic and Trade Policy Dimensions ［EB/OL］ http: //www. caricom. org/jsp/single_market/ services_regime/concept_paper_creative_sector. pdf.

［102］ Oh J. International Trade in Film and the Self-sufficiency Ratio ［J］. The Journal of Media Economics, 2001 (1): 31-44.

［103］ Olivier J., Thoenig M., Verdier T. Globalization and the Dynamics of Cultural Identity ［J］. Journal of International Economics, 2008 (2): 356-370.

［104］ P. Lelio Iapadre. Cultural Products in the International Trading System ［J］. Handbook of the Economics of Art and Culture, 2014 (2): 381-409.

［105］ Park S. China's Consumption of Korean Television Dramas: An Empirical Test of the "Cultural Discount" Concept ［J］. Korea Journal, 2004 (4): 265-290.

［106］ Park W. G. International Patent Protection: 1960-2005 ［J］. Research Policy, 2008 (4): 761-766.

［107］ Pastina A. C., Straubhaar J. D. Multiple Proximities between Television Genres and Audiences The Schism between Telenovelas' Global Distribution and Local Consumption ［J］. Gazette, 2005 (3): 271-288.

［108］ Potts J. D., Cunningham S. D., Hartley J. Ormerod P. Social Network Markets: A New Definition of the Creative Industries ［J］. Journal of Cultural Economics, 2008 (3): 166-185.

［109］ Rauch J. E., Trindade V. Neckties in the Tropics: A Model of International Trade and Cultural Diversity ［J］. Canadian Journal of Economics/Revue Canadienne d'économique, 2009 (3): 809-843.

［110］ Richardson J. D. Constant-market-shares Analysis of Export Growth ［J］. Journal of International Economics, 1971 (2): 227-239.

［111］ Ritzer G. An Introduction to McDonaldization ［J］. McDonaldization: The Reader, 2002 (2): 4-25.

［112］ Rose A. K., Van Wincoop E. National Money as a Barrier to International Trade: The Real Case for Currency Union [J]. American Economic Review, 2001 (4): 386-390.

[113] Sauvé P., Steinfatt K. Towards Multilateral Rules on Trade and Culture: Protective Regulation or Efficient Protection? [J]. 2000 (13): 345-364.

[114] Schulze G. International Trade in Art [J]. Journal of Cultural Economics, 1999 (2): 109-136.

[115] Shubik M. A Handbook of Cultural Economics [M]. Cheltenham: Edward Elgar, 2003: 194-200.

[116] Snieska V., Normantiene A. The Role of Creative Industries in International Trade: Lithuanian Case [J]. Economics and Management, 1822 (4): 338-344.

[117] Straubhaar J. Choosing National TV: Cultural Capital, Language, and Cultural Proximity in Brazil [J]. The Impact of International Television: A Paradigm Shift, 2003: 77-110.

[118] Suranovic S., Winthrop R. Cultural Effects of Trade Liberalization [J]. Typescript, George Washington University, 2003 (1): 143-162.

[119] Tadesse B., White R. Cultural Distance as a Determinant of Bilateral Trade Flows: Do Immigrants Counter the Effect of Cultural Differences? [J]. Applied Economics Letters, 2009 (2): 147-152.

[120] Tadesse B., White R. Do Immigrants Counter the Effect of Cultural Distance on Trade? Evidence from US State-level Exports [J]. The Journal of Socio-Economics, 2008 (6): 2304-2318.

[121] Taylor M. S. TRIPS, Trade, and Technology Transfer [J]. The Canadian Journal of Economics, 1993 (3): 625-637.

[122] Tharakan P. K. M. Intra-industry Trade between the Industrial Countries and the Developing World [J]. European Economic Review, 1984 (26): 213-227.

[123] Thom R., McDowell M. Measuring Marginal Intra-industry Trade [J]. Weltwirtschaftliches Archiv, 1999 (1): 48-61.

[124] Throsby D. Determining theValue of Cultural Goods: How Much (or How Little) does Contingent Valuation Tell Us? [J]. Journal of Cultural Eco-

nomics, 2003 (3-4): 275-285.

[125] Throsby D. Economics and Culture [M]. Cambridge University Press, 2001.

[126] Towse. A Handbook of Cultural Economics [M]. Edward Elgar Publishing, 2011.

[127] Tyszynski H. World Trade in Manufactured Commodities, 1899-1950 [J]. The Manchester School, 1951 (3): 272-304.

[128] UNESCO. International Flows of Selected Cultural Goods and Services, 1994-2003: Defining and Capturing the Flows of Global Cultural Trade. UNESCO Institute for Statistics, UNESCO Sector for Culture: Montreal, 2005.

[129] Veblen T. The Theory of the Leisure Class: An Economic Study of Institutions [M]. Aakar Books, 2005.

[130] Voon T. Cultural Products and the World Trade Organization [M]. Cambridge University Press, 2007.

[131] Wagner D., Head K., Ries J. Immigration and the Trade of Provinces [J]. Scottish Journal of Political Economy, 2002 (5): 507-525.

[132] Weng Y., Yang C. H., Huang Y. J. Intellectual Property Rights and US Information Goods Exports: The Role of Imitation Threat [J]. Journal of Cultural Economics, 2009, 33 (2): 109-134.

[133] Werner Hölzl. Entrepreneurship, Entry and Exit in Creative Industries: An Exploratory Survey [R]. Working Papers Series: Creative Industries in Vienna: Development, Dynamics and Potentials , http: //www. wu-wien. ac. at/inst/geschichte/Projekt_Homepage/frameset. html.

[134] White R., Tadesse B. Immigrants, Cultural Distance and US State-level Exports of Cultural Products [J]. The North American Journal of Economics and Finance, 2008 (3): 331-348.

[135] Wildman S. S., Siwek S. E. International Trade in Films and Television Programs [M]. Cambridge, MA: Ballinger, 1988.

[136] Williams R. Keywords: A Vocabulary of Culture and Society [M]. Oxford University Press, 1985.

[137] 白玲，吕东峰. 国际贸易中的文化互补理论 [J]. 北京工商大学

学报（社会科学版），2001（6）：48-51.

[138] 曹麦，苗莉青．文化距离、制度距离对中国文化服务出口的影响［J］．商业时代，2013 a（6）：63-64.

[139] 曹麦，苗莉青，姚想想．我国艺术品出口的实证研究［J］．国际贸易问题，2013b（5）：45-54.

[140] 崔晨．WTO 框架下的电影贸易问题研究［D］．山东大学硕士学位论文，2013.

[141] 戴翔．创意产品贸易决定因素及对双边总贸易的影响［J］．世界经济研究，2010（6）：46-50.

[142] 方慧，尚雅楠．基于动态钻石模型的中国文化贸易竞争力研究［J］．世界经济研究，2012（1）：44-50.

[143] 付竹，王志恒．探析国际贸易保护中的文化壁垒［J］．商业时代，2007（6）：31-32.

[144] 高敬峰．山东制造业比较优势与产业结构升级探讨［J］．山东经济，2009（3）：155-160.

[145] 高颖飞．我国文化产品出口面临的问题与对策选择［J］．理论探索，2011（4）：83-85.

[146] 顾江，朱文静．中日韩文化贸易的竞争性及市场分布研究［J］．现代经济探讨，2012（10）：53-57.

[147] 郭新茹，顾江，朱文静．中韩文化贸易竞争性和互补性的实证研究［J］．江西社会科学，2010（2）：73-77.

[148] 韩立余．文化产品、版权保护与贸易规则［J］．政法论坛：中国政法大学学报，2008（3）：150-158.

[149] 何传添，潘瑜．中国文化贸易的国际比较及其产业调整［J］．中央财经大学学报，2012（12）：10-20.

[150] 何建平，赵毅岗．中西方纪录片的“文化折扣”现象研究［J］．现代传播：中国传媒大学学报，2007（3）：100-104.

[151] 胡惠林．文化产业发展的中国道路我国文化产业发展理论与实践研究［M］．上海：上海人民出版社，2004.

[152] 花建．发展中国对外文化贸易的战略视野［J］．探索与争鸣，2005（6）：44-46.

[153] 霍步刚. 中国文化贸易偏离需求相似理论的实证检验 [J]. 财经问题研究, 2008 (7): 15-18.

[154] 霍尚一. 中国水果出口贸易影响因素的实证分析 [D]. 浙江大学硕士学位论文, 2009.

[155] 季羡林. 论东西文化的互补关系 [N]. 光明日报, 2000-07-28.

[156] 贾怡然. 国际文化贸易中的传播壁垒研究 [D]. 中南大学硕士学位论文, 2009.

[157] 李怀亮. 论国际文化贸易的现状, 问题及对策 [J]. 首都师范大学学报 (社会科学版), 2003 (2): 1-11.

[158] 李嘉珊. 文化贸易在自由竞争与多样性保护下的发展博弈 [J]. 国际贸易, 2009 (12): 40-44.

[159] 李洁. WTO 文化贸易法律制度研究 [D]. 武汉大学硕士学位论文, 2013.

[160] 廖佳音. 促进我国文化产品出口的策略研究 [D]. 首都经济贸易大学硕士学位论文, 2008.

[161] 刘建华. 论产业分工理论之于文化贸易的借鉴与局限 [J]. 中国出版, 2013 (20): 3-7.

[162] 刘鹏飞. 国际文化贸易争端解决机制研究——以《保护和促进文化表现形式的多样性公约》为视角 [J]. 北方法学, 2009 (3): 153-160.

[163] 刘爽. 中国文化产品国际营销战略研究 [D]. 天津: 天津财经大学硕士学位论文, 2009.

[164] 彭育园. 国际文化贸易产业发展的研究与对策 [J]. 统计与决策, 2006 (21): 113-115.

[165] 齐勇锋, 蒋多. 中国文化走出去战略的内涵和模式探讨 [J]. 东岳论丛, 2010 (10): 165-169.

[166] 曲如晓, 韩丽丽. 中国文化商品贸易影响因素的实证研究 [J]. 中国软科学, 2010 (11): 19-31.

[167] 阮婷婷, 欧阳有旺. 文化贸易壁垒的效应分析 [J]. 国际商务: 对外经济贸易大学学报, 2010 (5): 25-31.

[168] 盛斌, 钱学锋, 黄玖立等. 入世十年转型: 中国对外贸易发展的回顾与前瞻 [J]. 国际经济评论, 2011 (5): 84-101.

[169] 孙致陆，李先德. 农产品产业内贸易水平与结构：中国和澳大利亚的实证研究 [J]. 华南农业大学学报（社会科学版），2014（1）.

[170] 谭军. 城市文化创意产业集群形成机制研究 [D]. 南京大学博士学位论文，2013.

[171] 王海文. 我国文化贸易产业基础构建的影响因素及路径分析 [J]. 国际贸易，2010（2）：19-22.

[172] 王璐瑶，罗伟. 中国"文化赤字"的影响因素——基于引力模型和面板数据的实证分析 [J]. 国际经济合作，2010（5）：73-77.

[173] 王学成，郭金英. 关于中国文化产品输出的思考 [J]. 国际贸易，2008（12）：29-35.

[174] 卫志民. 建构中国文化产业"走出去"战略体系的设想 [J]. 现代经济探讨，2013（4）：32-35.

[175] 温思美，苏国宝. 基于 CMS 模型的中国水果出口增长因素分析 [J]. 农业经济问题，2012（9）：4.

[176] 闫玉刚，李怀亮. 中国电影"走出去"的问题与对策探析 [J]. 现代传播：中国传媒大学学报，2010（10）：7-11.

[177] 闫玉刚. "文化折扣"与中国对外文化贸易的产品策略 [J]. 现代经济探讨，2008（2）：52-55.

[178] 杨吉华. 我国文化贸易逆差及其治理对策 [J]. 上海市经济管理干部学院学报，2008（4）：17-21.

[179] 杨磊. 我国文化创意产业基地对文化贸易经济的影响分析 [J]. 生产力研究，2013（5）：131-133.

[180] 余雄飞. 影视服务贸易及文化贸易壁垒 [J]. 法制与社会，2009（9）：126-126.

[181] 余长林. 知识产权保护对国际贸易的影响研究述评 [J]. 经济评论，2013（1）：137-144.

[182] 臧新，林竹，邵军. 文化亲近、经济发展与文化产品的出口——基于中国文化产品出口的实证研究 [J]. 财贸经济，2012（10）：102-110.

[183] 张斌. 国际文化贸易壁垒研究 [D]. 山东大学博士学位论文，2010.

[184] 张凤琦. 文化复兴与民族文化产业走出去战略思考 [J]. 中华文

化论坛，2006（4）：111–114.

［185］张宏伟. 中国图书版权贸易影响因素测度研究——基于需求偏好相似理论的扩展和应用［J］. 出版科学，2011（2）：46–51.

［186］张秋利. 中国高科技出口产品恒定市场份额分析（CMSA）：1995~2010［J］. 经济问题，2013（2）：109–113.

［187］张书勤. 从中美出版物进口案论我国文化产业法规的完善［J］. 中国出版，2012（23）：25–28.

［188］张抒. 我国文化贸易发展的问题与潜力［J］. 学术交流，2011（5）：201–203.

［189］张玉国，朱筱林. 文化、贸易和全球化［J］. 中国出版，2003（1）.

［190］张玉国. 国家利益与文化政策［M］. 广州：广东人民出版社，2005.

［191］赵建军，陈泽亚. 战略性贸易理论在文化贸易中的运用［J］. 国际贸易，2008（2）：37–39.

［192］赵有广，盛蓓蓓. 中国文化产业外向国际化发展战略及其实施［J］. 国际贸易，2008（10）：238.

［193］赵有广. 我国对外文化贸易逆差及其原因分析［J］. 国际贸易，2006（10）：30–33.

［194］赵有广. 中国文化产品对外贸易结构分析［J］. 国际贸易，2007（9）：31–38.

［195］邹宇泽. 韩国电影配额制度简史：1945–2003［D］. 北京大学硕士学位论文，2004.

后 记

时光荏苒，岁月如梭。在南京大学三年的博士生活一晃而过，回首往事，之前的生活、工作与学习记忆仿佛一幕幕投影般涌到眼前。感慨之际也聊以自慰，这三年的博士生活终究没有浑浑噩噩而过。本书是在我博士论文的基础上完成的。这要归功于我的良师益友，没有他们的指导、陪伴与勉励，很难想象我会取得今天的这一点点成就！

衷心感谢我的导师顾江教授。感谢顾老师三年前能够接受我，使我能够圆梦南大，完成一个从二流高校的本科、硕士向一流高校博士的转变。在这三年中，顾教授不辞辛苦地敦促我自我反思、自我改正、自我进步，并以其自身言行与实际行动——敏锐的洞察能力、严谨的思辨能力、睿智的学习能力、超凡的驾驭能力等为我树立了良好榜样。他还对我的研究工作给予了耐心指导，常常就某个问题和我进行长时间的探讨与交流，给我以启发。感谢顾老师为我提供的优异平台，使我得到了巨大锻炼，国家文化产业研究中心成为我这三年与外界交流学习的最佳平台。在这一过程中积累的丰富经验不仅增加了我的社会阅历，还增强了我独当一面的信心与能力。

感谢产业经济系的刘志彪老师、魏守华老师、吴福象老师、史先诚老师、郑东雅老师、王宇老师。尽管与刘老师接触不多，但是刘老师在上课时展现出来的睿智与真知灼见，让我有一种醍醐灌顶、茅塞顿开的感觉。安同良老师、魏守华老师、吴福象老师、葛杨老师、郑东雅老师在课堂上展现出来的深厚学术功底同样让我佩服不已，他们在开题汇报上给予我的意见与建议也为我博士论文的顺利开展与完成奠定了坚实基础。魏老师课余多次抽空与我交谈、给我指导，让我尤为感激。葛老师在和我日常交谈之中表达出来的对我学习、生活的关心，也让我感动不已。在我作为执行副主编落实《文化产业研究》（第 7 辑）出版过程中，南京大学出版社左社长给予了我很大指导与帮助，才得以让我能够顺利完成辑刊的出版工作。

感谢国家文化产业研究中心风华正茂的青年们。与他们朝夕相处的三年是我一生值得怀念与珍惜的美好回忆。感谢郭新茹师姐、周锦师姐、陆春平师姐、朱文静师姐、周莉师姐、胡慧源师兄对我的帮助和指导。王洪涛、高莉莉、姜照君、沈艳、张苏秋为我分担了不少事务与工作，使我得以集中精力在科研和论文写作上。特别感谢研究生朱婷和向飞燕，在我写论文和找工作期间，他们给予了我不少的帮助。还要感谢马卿，在这三年生活和学习中给予了我不少支持。

最后，衷心感谢我的家人。感谢他们二十几年如一日的养育之恩，将我培养成人成材。感谢他们十几年如一日地鼓励我追求自己的目标、坚持自己的选择，他们的宽容、理解、关心与鼓励是我求学路上至深致远的不竭动力，今后也将一直陪伴我、激励我在自己的人生路上勇敢坚定地走下去。

2019 年 12 月 1 日